重大工程多主体协同创新研究

——动机识别、形成机理、动态演化与绩效提升策略

陈小燕　何清华　著

同济大学出版社
TONGJI UNIVERSITY PRESS
·上海·

内 容 提 要

本书以重大工程多主体协同创新为研究对象，整合了复杂性与复杂适应系统、资源依赖理论、交易成本理论、计划行为理论和利益相关者理论等相关理论，采用因子分析、模糊集定性比较分析、案例分析和系统动力学等方法，收集我国近些年重大工程案例开展系统分析。研究者首先识别了重大工程多主体参与协同创新的6类动机，并从6类动机对协同创新形成的组态作用出发，探索了促进多主体协同创新形成的组态路径与机理。随后，从重大工程多主体协同创新的动态特征出发，构建了重大工程多主体协同创新动态演化模型。最后，根据实践情境设置了5种绩效提升方案，分析得到了重大工程多主体协同创新绩效的提升策略。

本书为重大工程协同创新的理论研究和实践应用提供了可供参考的建议，可供相关领域的从业人员阅读参考。

图书在版编目(CIP)数据

重大工程多主体协同创新研究：动机识别、形成机理、动态演化与绩效提升策略 / 陈小燕，何清华著. —上海：同济大学出版社，2023.11

ISBN 978-7-5765-0995-3

Ⅰ. ①重… Ⅱ. ①陈… ②何… Ⅲ. ①重大建设项目-创新管理-研究 Ⅳ. ①F282

中国国家版本馆 CIP 数据核字(2023)第 234325 号

重大工程多主体协同创新研究

——动机识别、形成机理、动态演化与绩效提升策略

陈小燕　何清华　**著**

责任编辑 姚烨铭　**责任校对** 徐春莲　**封面设计** 张　微

出版发行　同济大学出版社　www.tongjipress.com.cn

(地址：上海市四平路 1239 号　邮编：200092　电话：021-65985622)

经　　销　全国各地新华书店

排　　版　南京文脉图文设计制作有限公司

印　　刷　江苏凤凰数码印务有限公司

开　　本　787mm×1092mm　1/16

印　　张　12.25

字　　数　245 000

版　　次　2023 年 11 月第 1 版

印　　次　2023 年 11 月第 1 次印刷

书　　号　ISBN 978-7-5765-0995-3

定　　价　78.00 元

前 言

PREFACE

作为“发展过程中的特权粒子”，重大基础设施工程（以下简称“重大工程”）被认为是项目世界中的“野兽”。与一般工程相比，重大工程通常面临着巨大的技术挑战和高度的复杂性等现实问题，因此，创新已成为重大工程的必然选择，重大工程创新也成为国家创新的“主战场”。目前，我国重大工程创新取得了显著的成绩，然而重大工程创新理论研究却滞后于重大工程创新实践，难以为重大工程创新实践提供理论指导。

重大工程创新相关的技术、资源掌握在不同参建主体手中，“协同创新”是重大工程创新的必然选择。目前，关于永久性组织的协同创新研究取得了许多成果，然而，基于永久性组织的协同创新研究在重大工程情境下还存在着某些不适应。基于实践和理论背景，本书围绕重大工程多主体协同创新这一研究对象，整合了复杂性与复杂适应系统、资源依赖理论、交易成本理论和利益相关者理论，通过收集我国重大工程实践数据，重点探索了多主体协同创新的动机、形成、演化以及绩效提升策略。

本书的主要内容以及创新点如下：

基于资源依赖理论和交易成本理论，本书构建了重大工程多主体协同创新动机识别模型，以探索多主体协同创新的动机。首先识别了潜在的动机因素，随后利用问卷调查收集了重大工程实证数据，并利用探索性因子分析方法和相对重要性指数方法展开了分析。结果表明，重大工程多主体协同创新动机识别模型包含6个主要维度和18个动机因素。6个主要动机维度按照其重要性排序依次为：共同应对项目挑战、提升项目绩效、获取奖励、互相学习、应对竞争和应对外部环境变化。这弥补了重大工程情境下多主体参与协同创新的动机这一空白，为重大工程项目的从业者、决策者采取有效措施以激发多主体参与协同创新提供了理论参考。

不同因素对协同创新形成具有组态作用，因此本书构建了重大工程多主体协同创新形成的组态模型，以探索促进多主体协同创新形成的组态路径与机理。根据资源依赖理论、交易成本理论和复杂性理论，首先构建了多主体协同创新形成的组态模型，随后利用模糊集定性比较分析法对收集到的实证数据进行了分析。结果表明，存在4条促进多主体协同创新形成的等值组态路径：①互相学习、共同应对项目挑战、提升项目绩效、应对竞争和应对外部环境变化；②互相学习、共同应对项目挑战和提升项目绩效；③互相学习、获取奖励和应对竞争；④共同应对项目挑战、提升项目绩效、获取奖励和应对外部环境变化。4条组态路径分别适应于系统创新、激进式创新、二级供应商创新、模块化或结构式创新的形成。研究为重大工程多主体协同创新形成提供了不同见解，也为项目的从业者、决策者提前采取有效措施来促进不同类型的创新形成提供了实践建议。

本书从重大工程多主体协同创新的动态特征出发，构建了重大工程多主体协同创新动态演化模型，以揭示多主体协同创新"为什么"以及"怎么样"动态演化的内在机理。根据复杂性与复杂适应系统和利益相关者等理论，首先提出了包含"影响因素-主体行为-系统动态演化"的研究框架，在此基础上利用重大工程实践数据开展了纵向案例分析，最终提炼出重大工程多主体协同创新动态演化模型。结果表明，重大工程多主体协同创新的演化过程可分为形成、发展、成熟和再创新4个阶段；多主体所呈现的显著性和功能角色在协同创新系统演化过程中也表现出动态变化的特点；影响因素包括但不限于知识共享、知识转移、知识整合，以及共同的项目战略目标、项目文化和沟通等。研究扩展了重大工程情境下多主体协同创新动态演化的内部逻辑认识，为重大工程项目管理人员采取针对性的引导策略，促进协同创新的发展与演化提供了可供参考的洞见。

本书基于复杂性与复杂适应系统和资源依赖理论，构建了"协同创新绩效系统-组织协同子系统-知识协同子系统-战略协同子系统"的绩效提升策略研究框架模型，以探究多主体协同创新的绩效提升策略。首先，通过整合现有文献和专家访谈结果，构建了影响因素间的因果关系模型和存量流量模型，并确定了数学方程关系，随后利用系统动力学方法对5种协同创新绩效提升方案进行了分析。结果表明，不同影响因素对协同创新绩效提升的作用效果是非线性增长的；随着时间的推进，累积的作用效果越来越明显；单个因素中激励程度对协同创新绩效提升的作用效果最显著，多个因素的共同作用对协同创新绩效提升具有非常显著的促进效果。根据研究结果提出了增加激励程度、增强知识管理、塑造共同价值观以及促进创新发展的协同创新绩效提升策略。研究揭示了重大工程情境下多主体协同创新绩效提升的内在规律，为发现多主体协同创新低效的根源提供了新的视角，也为提升多主体协同创新绩效提供了实践指导。

目 录

CONTENTS

前言

第 1 章 绪论 …… 1

1.1 研究背景 …… 1

1.2 研究内容与概念界定 …… 7

1.2.1 研究内容 …… 7

1.2.2 相关概念界定 …… 8

1.3 研究技术路线与结构安排 …… 11

1.3.1 逻辑结构 …… 11

1.3.2 研究设计 …… 13

1.3.3 研究结构安排 …… 14

1.4 主要创新点 …… 15

第 2 章 文献综述与理论基础 …… 17

2.1 重大工程创新相关研究 …… 17

2.1.1 重大工程创新的内涵 …… 17

2.1.2 重大工程创新分类 …… 19

2.2 协同创新相关研究 …… 20

2.2.1 协同创新概述 …… 20

2.2.2 协同创新的动机研究 …… 22

2.2.3 协同创新的形成研究 …… 25

2.2.4 协同创新的动态演化研究 …… 28

2.2.5 协同创新绩效及影响因素 …… 30

2.3 理论基础 …… 31

2.3.1 项目复杂性与复杂适应系统 …… 31
2.3.2 资源依赖理论 …… 33
2.3.3 交易成本理论 …… 34
2.3.4 利益相关者理论 …… 34
2.3.5 相关理论与研究问题的关联性 …… 35
2.4 研究述评 …… 36
2.5 本章小结 …… 38

第 3 章 研究设计 …… 39
3.1 总体设计 …… 39
3.2 研究问题甄选 …… 40
3.2.1 专家访谈 …… 40
3.2.2 访谈整理 …… 41
3.3 质性研究 …… 44
3.3.1 方法选择 …… 44
3.3.2 研究过程 …… 46
3.4 实证研究 …… 47
3.4.1 问卷设计与变量测量 …… 47
3.4.2 问卷可靠性分析 …… 48
3.4.3 数据收集 …… 48
3.5 数据分析方法 …… 49
3.5.1 因子分析法 …… 49
3.5.2 模糊集定性比较分析法 …… 50
3.5.3 系统动力学 …… 52
3.6 本章小结 …… 53

第 4 章 重大工程多主体协同创新动机识别 …… 55
4.1 多主体协同创新动机概述 …… 55
4.2 潜在动机因素的识别 …… 56
4.3 研究方法与数据收集 …… 59
4.3.1 探索性因子分析法 …… 59
4.3.2 数据收集 …… 59

4.4　动机因素分析结果 …… 62
4.4.1　动机因素排序 …… 62
4.4.2　探索性因子分析 …… 64
4.5　讨论与启示 …… 67
4.5.1　研究讨论 …… 67
4.5.2　管理启示 …… 71
4.6　本章小结 …… 72

第5章　重大工程多主体协同创新形成机理 …… 73
5.1　研究概述 …… 73
5.2　协同创新形成机理模型构建 …… 74
5.3　研究方法与数据收集 …… 76
5.3.1　研究方法选择 …… 76
5.3.2　数据收集 …… 78
5.4　组态分析过程与结果 …… 80
5.4.1　变量的校准 …… 82
5.4.2　必要条件分析 …… 83
5.4.3　组态分析 …… 84
5.5　讨论与启示 …… 86
5.5.1　研究讨论 …… 86
5.5.2　管理启示 …… 89
5.6　本章小结 …… 90

第6章　重大工程多主体协同创新动态演化 …… 91
6.1　多主体协同创新动态演化概述 …… 91
6.2　多主体协同创新动态演化理论模型 …… 92
6.3　案例研究法选择原因与数据收集过程 …… 94
6.3.1　纵向案例研究法选择 …… 94
6.3.2　数据收集 …… 96
6.3.3　案例背景 …… 98
6.4　案例数据分析与结果 …… 100
6.4.1　协同创新演化阶段 …… 100

6.4.2 关键主体识别 …… 101
6.4.3 关键主体显著性与功能角色 …… 104
6.4.4 协同创新演化的影响因素 …… 110
6.4.5 动态演化模型 …… 111
6.5 讨论与启示 …… 113
6.5.1 研究讨论 …… 113
6.5.2 管理启示 …… 116
6.6 本章小结 …… 117

第7章 重大工程多主体协同创新绩效提升策略 …… 118
7.1 多主体协同创新绩效提升概述 …… 118
7.2 系统动力学模型构建 …… 119
7.2.1 因果关系模型 …… 121
7.2.2 存量流量模型 …… 123
7.2.3 数学方程建立 …… 125
7.2.4 模型检验 …… 128
7.3 研究方法与数据收集 …… 130
7.3.1 方法选择 …… 130
7.3.2 数据收集 …… 131
7.4 绩效提升方案分析与结果 …… 132
7.4.1 绩效提升方案设计 …… 132
7.4.2 绩效提升方案分析结果 …… 133
7.4.3 灵敏度分析 …… 135
7.5 绩效提升策略 …… 137
7.5.1 增加激励程度,利用多重激励的推动作用 …… 138
7.5.2 加强知识管理,发挥知识资源的促进作用 …… 138
7.5.3 塑造共同价值观,展现项目文化的引领作用 …… 139
7.5.4 促进创新发展,增强战略目标的导向作用 …… 140
7.6 本章小结 …… 140

第8章 结论与展望 …… 142
8.1 结论 …… 142

8.2　管理启示 …………………………………………………………… 144

参考文献 …………………………………………………………………… 147

附录 ………………………………………………………………………… 173
附录 A　重大工程多主体协同创新动机因素的访谈提纲 ……………… 173
附录 B　重大工程多主体协同创新动机因素重要性问卷 ……………… 175
附录 C　重大工程多主体协同创新问卷调查 …………………………… 179

第 1 章

绪　论

本章主要阐述了研究背景、研究内容、研究技术路线以及主要创新点。首先，介绍了重大工程多主体协同创新研究背景，从而为提出本书的科学问题奠定基础；其次，分析了本书的具体研究内容、技术路线以及结构安排；最后，归纳总结了主要创新点。

1.1 研究背景

1) 创新是重大工程的必然选择

根据麦肯锡全球研究所的报告，每年世界各国在交通、电力、供水和电信系统等基础设施方面的投资约为 2.5 万亿美元，然而这个需求仍然在增长；据估计，2016 年到 2030 年期间，全球平均每年需要投资 3.3 万亿美元，即大约 3.8%的 GDP，才能支持目前的预期增长率①。近年来，新型冠状病毒感染疫情暴发及其广泛蔓延给全球经济发展带来了巨大的挑战，也进一步刺激了不同国家的基础设施项目及大型基础设施项目投资计划。

重大基础设施工程(以下简称"重大工程")是指在规划、设计、建造和交付阶段均需要大量创新的大型复杂工程项目，其可以为民众生活和整个社会生产提供基础性的公共服务(Flyvbjerg, 2014)。与一般工程相比，重大工程比较典型的特点是，不仅在体量、规模方面非常庞大，而且在技术方面，也由于高度复杂性和不确定性、多元工程需求和高标准的项目目标等带来了前所未有的挑战(曾赛星等,

---

① https://www.mckinsey.com/business-functions/operations/our-insights/bridging-global-infrastructure-gaps.

2019)。这些重大工程的建设不仅在宏观层面上极大地拉动了国民经济的发展，也为基础建设领域创新水平的提升提供了重要的机遇和平台。

在我国，改革开放以及近些年城镇化的快速发展不断推动了基础设施需求的增加，也助推了一批建设规模大、投资额高、技术先进、工艺复杂、建设周期长的重大工程建设热潮。同时，快速发展的信息技术以及工业 4.0 时代的新技术，如集成化建造、绿色建造、精益建造、建筑信息模型等也加快了重大工程项目建设。21 世纪以来，我国先后建成了三峡工程、北京奥运会“2008”工程、洋山深水港、京沪高铁、港珠澳大桥、北京大兴国际机场等众多在国内外产生深远影响的重大工程。这些重大工程在建设过程中均处于极其复杂或者恶劣的环境，承担着国内甚至世界范围的技术难题，呈现出高度复杂性和不确定性的特点。此外，部分重大工程在其设计、建造方面几乎没有先例可以遵循，能够提供借鉴的建造技术先例极其少或面临着技术垄断。以下是重大工程的案例。

案例 1:京沪高铁

作为我国经济最活跃和最具发展潜力的城市，北京和上海对交通运输的需求量也是最高的。从 1990 年开始，我国就在规划两个城市间的高速铁路，经历了 18 年的规划、设计后，2008 年经国家批准，京沪高铁正式开工建设。经过 3 年的建设，京沪高铁于 2011 年正式开通运营。京沪高铁由于经过 4 大水系，所处自然环境非常复杂，而国内缺乏建设类似项目的先例，巨大的技术集成体系，数量庞大的技术难点以及非常高的技术风险，使得项目不得不走上自主创新之路。经过对国外经验的总结与学习，以及项目组众多参建单位间无数次的讨论和研发，最终确定了符合我国要求的技术标准和技术方案。京沪高铁通过“引进、消化、吸收、再创新”的方式，最终获得了 50 多项发明专利、100 余项实用新型专利、5 项外观设计专利以及近 10 项软件著作权等，也成为我国的“高铁博物馆”。

案例 2:港珠澳大桥岛隧工程

港珠澳大桥全长 55 km，其中 5.664 km 长的外海沉管隧道是项目中最具有挑战性的部分，其由埋在海床以下 22 m 的 33 节巨型预制沉管和 1 个合龙段最终接头组成。“外海沉管隧道施工相关的核心技术一直被视为‘全世界最困难、最复杂的技术’，世界范围内掌握该技术的国家屈指可数，而在港珠澳大桥规划设计阶段，我国在此领域的技术积累几乎为 0。”中交港珠澳大桥岛隧工程项目总经理、总工程师林鸣介绍道。从 2006 年开始，林鸣首先带领团队有关成员前往韩国釜山学习经验，但是对方没有给接近工程现场的任何机会；随后林鸣又率团队到欧洲学习，找到了荷兰一家世界顶级公司沟通合作的事情,对方却直接开出了1.5亿欧元的天价,远远超出项目预算,团队又是空手而归。林鸣及其团队被“逼”走上了自主创新之路,迎接外海深埋沉管的巨大挑战。为了实现技术攻关,林鸣带着其团队每年开上千次的研讨会,如果没有讨论出结果绝不散会。在众多参与主体的一次次的研讨中,外海深埋沉管这个世界级难题的解决方案及路线日益优化、逐步成熟。从2013年5月2日E1沉管浮运安装一直到2017年5月2日最终接头安装,33次的“深海之吻”以及“终极之吻”终于完成。2019年,《外海沉管隧道施工成套技术》一书正式面世,它记录了项目自建设至今获得的数百项专利,以及十余项外海沉管安装世界级工程技术。

通过上述2个案例可以发现,重大工程项目的复杂性和独特性为重大工程创新理论研究和实践经验积累创造了巨大的机会。一方面,重大工程具有非常高的复杂性和挑战性,创新已经成为重大工程项目建设的必然选择(丰静等, 2020);另一方面,我国重大工程建设带动了工程技术变革和科技创新,是创新活动以及国家创新的“主战场”(李伯聪, 2008)。Locatelli 等(2021)认为创新是解决技术问题和提高重大工程项目绩效的有效方法。同样,Worsnop 等(2016)指出重大工程项目具有复杂性且涉及多主体,其是促进创新的丰富土壤。重大工程创新将工程项目作为载体,将工程实践问题作为目标导向,是多主体参与、多学科交叉、系统集成和多要素协同集成的成果(陈宏权等, 2020),其对于有效降解项目复杂性、节约投资成本、实现项目目标、提升项目可持续性和项目绩效具有不可忽视的作用。实践中,重大工程创新不仅仅是在技术方面取得进步与发展,而且需要“非技术的前提要素”以及“非技术的基础要素”,如将组织管理创新作为重要的辅助(李伯聪, 2008),从而保障重大工程创新的成功。

2) 重大工程创新需要多主体协同

重大工程项目建设需要创新驱使,而创新的实施离不开创新主体。实践中,重大工程涉及众多主体,如业主单位、施工总承包单位、专业分包单位、设计单位、材料及设备供应商、监理单位、运营方等(祁超等, 2019)。同时,与重大工程建设相关的知识、技术、材料以及人才分散在不同的主体手中,而重大工程创新又具有极高的集成性和复杂性,传统的由一个主体完全凭借自身的资源和能力,独立开展创新活动的创新范式是不太现实的(Chen 等, 2020)。此外,以往传统建设项目中经常采用的临时性、分散性管理模式,即项目立项后由业主挑选施工单位、设计单位、研究单位和中介单位等,搭建一个临时性项目组来开展项目创新活动，在项目竣工后就彻底解散，这种模式不利于各主体间构建相对稳定的合作关系，也不利于创新成果的共享、转移与推广应用（谢洪涛，2010）。因此，在重大工程复杂内、外部环境导向下，重大工程多主体间的组织行为也呈现出多层次功能，需要多主体间通过协同合作的方式来实现创新相关资源的共享，保证不同主体都能够充分发挥自身优势、实现优势互补，从而完成项目目标（Davies 等，2009）。重大工程的创新可以理解为是以人、财、物等资源作为基础，通过多主体协同，开展全面且系统的研究、整合以及技术突破，形成一系列的建设产品或者大型工器具；其是一个整合不同行业、不同学科、不同部门、不同层次的复杂巨系统（刘建昌等，2015）。

国际复杂项目管理中心在其编写的《复杂项目管理：全球视角和 2025 年战略议程》一书中，也明确阐述道：传统项目管理过程中，管理者经常采取的可预见的、确定的、相对简单的以及刚性规则的模式，在某种程度上可以说不能简单、直接地应用到复杂项目管理中；因此，组织需要根据具体项目情境作出相对应的调整，提升其管理复杂项目的能力。这也就意味着，在重大工程项目管理中，要想减小复杂性和不确定性带来的风险，在项目建设全生命周期中需要多主体间形成紧密交互的合作关系，通过协同创新来解决项目难题，从而实现项目建设目标（Davies 等，2017）。

作为一种新的创新范式，协同创新可以被视为是更复杂和系统的创新模式，其需要搭建一个将参与单位、科研院所和高等学校作为核心主体，将中介服务机构（如咨询单位，等）作为参与主体，以战略联盟组织或者创新协同平台等为支持要素的多元主体网络甚至系统（房银海等，2021）。协同创新通过多主体之间的行为协同，推动各主体积极、有效地发挥其自身的创新优势，进而促进彼此间的优势互补以及资源共享，实现更大范围、更加系统以及更为深层次的合作创新实施，加快关键技术的研发及各类研究成果的产业化，从而产生非线性效应以创造更大的市场价值（Haken，1983；陈劲，2012）。同时，协同创新为多主体提供了尝试新工作方式的机会，帮助不同主体调整自身的文化氛围、规则和制度，甚至促使其建立新标准来管理重大工程项目的复杂性和不确定性。此外，协同创新还满足了多主体的诉求，比如某一主体可以利用与其相关的供应商、研究机构和竞争对手各自掌握的知识和互补资源，来更新其自身的知识库，增加收益，并增强竞争力（Stojčić，2020）。

多主体协同创新是重大工程创新的内在需求。实践中，一方面，重大工程项目亟须创新以解决建设难题，然而经常存在技术创新供给不足的问题；另一方面，还存在多主体的创新动力不足、资源供给有限，且部分创新成果无法得到有效的应用与转化等难题。虽然我国将非常多的社会资源投入重大工程创新过程中，但是其经常出现高投入、低产出的现实问题，忽略了多主体协同创新的内外在需求，造成了极大的资源浪费；项目团队中与创新相关的领导者、协调者、支持者等角色定位不准确，协同创新缺乏良好的组织间协同关系管理机制，无法对协同创新的形成与演化进行有效的管控，也不能充分利用各主体参与创新的协同成果，导致创新活动推进困难，也很难发挥重大工程创新作为创新主战场的重要引领与促进作用。因此，深入探索多主体协同创新管理相关问题，不断调整完善重大工程情境下的多主体协同创新绩效的战略，最大限度地提高多主体协同创新带来的收益，是摆在我国重大工程组织管理实践者和理论研究者面前的难题。

3）重大工程多主体协同创新研究有待完善

作为一类临时性组织，重大工程是由众多永久性组织为了实现项目目标而临时构建起来的，其随着项目的实施而形成、发展、调整或者解散，以满足项目的要求（Winch，2014）。目前，关于永久性组织协同创新行为的理论研究取得了许多有益的成果，奠定了一定的理论基础。然而，已有的基于永久性组织的协同创新研究在重大工程情境下还存在着某些不适应性（Li 等，2019），难以满足重大工程为了实现项目目标而构建的临时性组织的发展要求。同时，以往基于项目管理相关理论的工程组织知识体系也难以满足中国重大工程组织行为管理的现实需求，迫切需要基于重大工程情境来针对性地分析多主体协同创新的本质特征和基本规律，在目前已形成的项目管理相关理论的基础上加以修改完善，从而促进具有中国情境的重大工程多主体协同创新有关理论的形成，为重大工程多主体间的协同创新实践提供理论指导和技术支撑。

此外，我国重大工程理论研究滞后于重大工程实践活动，对重大工程多主体协同创新这一组织行为的动机、演化规律分析不足，对如何提升重大工程协同创新绩效的路径研究也不足，目前重大工程复杂性以及创新管理的理论储备并不充分，而这些恰恰是重大工程组织管理理论创新以及实践应用的重要内容。因此，从我国重大工程组织实践的历史经验角度出发，系统地探寻多主体协同创新的动机、演化以及绩效提升过程中的最佳实践、失败教训，从而将比较零散的实践知识总结和转化为相关的理论，是摆在我们面前的难题。

第一，重大工程多主体协同创新的动机极其复杂。我国重大工程项目的顺利完成，不仅受到来自政府及有关部门的大力支持，还得到了业主方的领导以及各参建主体的协同与配合(孙永福等，2012)。实践表明，在重大工程项目建设中，多主体受到内部和外部因素的共同作用，从而激发、维持以及调节其相关的行动，通过目标整合、资源共享、分工协作等不同方式实现创新，这些是重大工程能够取得非凡成绩的重要因素。然而，对这些动机因素的理论研究却滞后于相关的实践活动，以至于重大工程协同创新管理的理论储备不充分，而这些动机因素正是重大工程创新理论研究和实践应用的关键所在。因此，总结我国重大工程多主体协同创新的动机因素，将为进一步研究与分析多主体协同创新的有效管理策略提供理论基础。

第二，重大工程多主体协同创新具有系统复杂性与动态演化性。随着重大工程项目的具体实施和推进，以及各种内、外部因素的影响，多主体的行为与组织间关系等不断发生变化，多主体间的协同创新行为呈现出比较典型的动态性和复杂性。虽然研究学者开始认识到该特点，但是深入分析多主体协同创新是如何随着项目的实施和推进，以及受各种因素交互影响而形成，并逐渐演化的研究却寥寥无几。因此，需要基于复杂性科学视角，借用利益相关者理论和资源依赖理论等多学科理论、质性与实证相结合的方法，从静态和动态两个角度，深入剖析重大工程情境下，多主体为了实现项目目标而开展的协同创新的形成与演化，从而为重大工程项目管理人员提前采取有效应对措施和针对性的引导策略，促进协同创新的形成、发展与演化提供可供参考的洞见。

第三，重大工程多主体协同创新绩效呈现非线性涌现效应。重大工程创新需要投入许多不同类型的资源，然而一些重大工程却发展成了资金的“黑洞”，创新绩效并不令人满意，但有些项目却能够完成预期目标，实现较好的创新绩效。这表明，如何解决某些项目协同创新绩效相对较低的现状，实现协同创新效应的持续提升，已经成为亟须进一步研究的理论问题。实践中，重大工程协同创新绩效受到多种因素的影响，且各因素对协同创新绩效的影响不是简单的线性关系，而是一个反复、非线性的动态过程，但目前的研究大部分是停留在静态层次的。因此，同时考虑重大工程多主体协同创新绩效各影响因素子系统间的因果关系链条和循环耦合效应，从动态角度解释协同创新绩效的非线性涌现效应形成规律，将为协同创新绩效的提升提供有效的管理策略。

由于重大工程呈现出越来越明显的跨学科、跨领域、多层次的特点，因此，需要突破传统工程管理以及项目管理的研究视角，借鉴复杂系统科学的相关理论观点，整合重大工程项目管理的最新研究成果和标杆实践，对重大工程多主体协同创新这一科学问题展开系统和深入的研究。同时，以往单纯地依靠定性方法或者数理模型的研究过程，很难深入地剖析重大工程多主体协同创新的动态性、复杂性和非线性等特征，需要利用跨学科方法加以研究。基于此，本书立足于我国国情，基于我国重大工程项目实践数据，采用定性、定量、系统建模与仿真等跨学科方法重点探索了多主体协同创新的动机、形成及动态演化的复杂过程，同时探究了我国重大工程多主体协同创新绩效的提升策略。通过研究重大工程多主体协同创新的动机、演化以及绩效提升策略，可以进一步丰富重大工程项目管理和工程管理的相关理论，也能为在工程实践中，重大工程协同创新的管理提供参考和借鉴。

1.2　研究内容与概念界定

1.2.1　研究内容

本书整合重大工程创新和协同创新研究的最新内容，借用项目复杂性与复杂适应系统、资源依赖理论、交易成本理论以及利益相关者理论，利用跨学科的研究方法，探索性地分析重大工程多主体协同创新的动机、形成与演化，以及绩效提升策略等问题。

根据资源依赖和交易成本理论观点，多主体参与协同创新受到其行为态度、主观规范、减少交易成本、获取利于组织发展相关资源的影响。一方面，主观规范（主要指来自项目的要求）使多主体不得不参与到协同创新中来，从而完成合同中约定的项目目标（范道安，2019）；另一方面，协同创新活动也可以帮助组织获得其自身所需的资源，同时减少资源转移过程中所涉及的交易成本（Okamuro等，2011）。因此，本章在分析多主体协同创新动机因素时，基于文献综述和专家访谈方法，探索性地识别了影响多主体参与协同创新的动机因素，通过重大工程实证数据，采用相对重要指数（Relative Importance Index，RII）方法计算出各动机的相对重要性，采用探索性因子分析方法（Exploratory Factor Analysis，EFA）降维，并进一步分析、提炼出重大工程多主体协同创新动机识别模型。

多主体协同创新的形成是一个复杂过程，受到不同因素的共同作用。本章基于资源依赖理论、交易成本理论和复杂性理论，利用协同创新动机识别模型中的6个主要动机维度构建了重大工程多主体协同创新的组态模型，以探讨多个动机因素共同促进多主体协同创新形成的组态路径。复杂性理论将多主体协同创新形成过程看作是一个复杂的过程，不是由某个因素单独作用就能够形成的，而是由不同因素间的相互作用、交互影响促成的。鉴于此，本章先构建重大工程多主体协同创新的组态模型，再通过重大工程实证数据，最后利用组态视角下的模糊集定性比较分析法(Fuzzy-Set Qualitative Comparative Analysis，fsQCA)，对多主体协同创新形成的组合效应进行了深入分析。

多主体协同创新动态演化过程主要是由多主体间的互动过程所决定的，而多主体间的互动过程又受到协同创新系统内、外部影响因素的作用。因此，深入地剖析多主体协同创新"为什么"以及"怎么样"动态演化的内在机理，可为重大工程项目管理人员针对性地采取引导策略，促进协同创新的发展与演化提供参考。在本部分研究中，基于复杂性与复杂适应系统和利益相关者的理论观点，首先构建了一个包含"影响因素-主体行为-系统动态演化"的重大工程多主体协同创新动态演化研究框架，再在此基础上，利用重大工程实践数据开展分析，并与现有研究发现进行对比，系统归纳与演绎，最终提炼出具有重大工程多主体协同创新动态演化模型。

通过对前 3 个研究问题的分析可以发现，重大工程情境下多主体协同创新的演化受到各种影响因素的作用，且各影响因素对协同创新绩效的影响是一个反复、非线性的动态过程。因此，本章基于复杂性与复杂适应系统和资源依赖理论，搭建了系统边界为"协同创新绩效系统-组织协同子系统-知识协同子系统-战略协同子系统"的研究框架，整合现有文献和专家访谈结果，进一步构建了影响因素间的因果关系模型和存量流量模型，并确定了数学方程关系。根据重大工程多主体协同创新的实践情境，设定了不同的绩效提升方案。通过分析不同方案对重大工程多主体协同创新绩效的动态影响效果，针对性地提出了重大工程多主体协同创新绩效提升策略。

1.2.2 相关概念界定

1）重大工程

重大工程的研究始于 20 世纪 80 年代，在这之后，学术界对重大工程的定义展开了讨论，但是至今尚未有统一的定义，国内外学者以及相关机构对重大工程或大型建设项目的定义如表 1.1 所示。

表1.1 国内外对重大工程或大型建设项目的定义

定 义	参考来源
重大工程是建设规模庞大，投资额通常是在10亿美元以上，项目的复杂性比较高，需要数年甚至几十年的开发和建设，牵涉众多的公共和私人利益相关者，并且能够影响甚至改变数百万人生活的一类建设工程项目	Flyvbjerg(2014)
重大工程被认为是“发展过程中的特权粒子”，其设计与建造主要是为了雄心勃勃地去改变现有的社会结构，并不像那些小型以及传统的建设项目，只是为了能够适应并符合已存在的结构，却几乎不试图去改造社会结构	Hirschman(1995)
重大工程指的是投资规模和建设规模都极为庞大的一类项目，其投资额一般超过5亿欧元。典型的重大工程包括：发电站（核能发电站以及垃圾燃烧发电站）、高速公路、隧道、桥梁、铁路、航空、海港、油田、油井以及体育文化赛事场地等	Locatelli 等(2014)
重大工程是以非常明显的方式，迅速、有目的和深刻地改变地形的项目，通常需要资本和国家权力的协调	Gellert 和 Lynch(2003)
重大工程的建设规模大，其投资额超过本国国内生产总值(Gross Domestic Product, GDP)的0.01%，且具有较高的复杂性	Hu 等(2015)
重大工程是极其复杂、具有较高风险，持续时间比较长，对所在地区乃至整个国家的邻里社区、经济、技术发展和环境产生广泛影响的一类项目	Zhai 等(2009)
重大工程是一类基础设施建设项目，它的投资总额一般在10亿美元及以上，同时由许多分散的、常规的以及可以重复的子单元组成	Davies 和 Brady(2016)
国家重大建设项目，是指由国家出资融资进行建设，同时需要经国家计委审批或审核后，进一步上报给国务院审批的建设项目	曾培炎(2002)

通过表1.1可以发现，研究学者往往从项目投资规模切入，来定义重大工程，但投资规模在不同国家和地区，以及所处的时期不同，也会存在较大差异。基于研究目的，本书中的重大工程指的是整体投资规模大（投资总额在10亿美元以上，约为人民币65亿元以上）、建设周期长、技术难度大、利益相关者众多、复杂性高，且会对经济、社会和环境产生较大影响的大型基础设施项目，如港珠澳大桥、三峡工程、南水北调等工程。这些重大工程通常是由国家出资建设的，在技术和管理方面复杂性高，如涉及大量的新材料、新工艺、新设备的研究与应用，面临着前所未有的困难与挑战(Li 等，2019)。

2) 多主体

在重大工程中涉及多种类型的主体(或称之为“利益相关者”),是能够对项目产生一定影响或者受到项目影响的主体,涉及政府有关部门、业主单位、勘察及设计单位、施工总承包及专业分包单位、咨询单位(如全过程工程咨询单位、招标代理单位、设计咨询单位)、材料和设备供应商、监理单位、运营单位、高校以及研究机构等工程建设主体。本书中多主体指的是上述表述中涉及的单位、组织或个人。

3) 协同创新

基于“协同”与“创新”的概念整合,美国麻省理工学院研究院 Peter Gloor 总结出了协同创新(Collaborative Innovation)的定义:由自我激励的个人或组织构成的网络组织,并且产生集体愿景,利用这些网络来实现思路、信息以及工作情况等的沟通与交流,通过合作的方式来达成共同的目标。刘建昌等(2015)指出,国防科技重大工程中的协同创新需要各主体把共同利益和市场机制当成重要基础,利用自身资源和能力,与其他主体形成优势互补、成本与风险分担、资源共享、收益分配的技术创新合作组织,以实现创新价值的增值。在项目情境下,多主体协同创新的活动并不是自发进行的,而是基于设定的计划,有目的地开展实施的。这是因为多主体协同创新的活动一方面需要多主体整合信息、知识、资源、行动等,另一方面,需要各主体互动,通过知识创造、共享等过程达成项目目标(孙雯、刘人境, 2021)。聂增民(2020)指出,石油化工行业的协同创新就是整合多主体的人力、知识、文化于一体,从而有效解决资源和成本约束等问题。

协同创新本质上是企业、大学、科研机构、中介机构以及用户等,为了达成创新目标而形成的创新组织模式。协同创新最终要达成“1+1>2”的协同效应。多主体要想实施协同创新活动需要得到相关的支持和引导(如政策支持、经济支持),并且在相关要求下,以实现整体利益最大化为目标,促进目标的实现。

在本书中,协同创新指的是多个组织为了达成创新目标而形成的创新组织模式,其最终要实现“1+1>2”的协同效应。

1.3 研究技术路线与结构安排

1.3.1 逻辑结构

重大工程一般为国家发起的大型公共工程，项目参建主体众多、复杂性高、创新性要求高，且组织间关系比较复杂，经常面临“绩效悖论”的困境。重大工程多主体间的协同创新为重大工程项目创新及绩效提升奠定了基础。项目复杂性与复杂适应系统、资源依赖理论、交易成本理论以及利益相关者理论为本书提供了理论基础。本书逻辑在于：重大工程多主体协同创新是由不同动机因素驱使而形成的，多主体的协同创新随着时间推进而发生动态演化，为了提升协同创新绩效需要实施有效的管理策略。

重大工程情境下的多主体协同创新并不是自发形成的，理性的行为主体在采取行动前会思考采取该行为后可能带来的影响；同时，不同参建主体掌握着不同资源，为了实现项目目标需要进行资源共享与整合，这是多主体互动合作的重要原因；因此，全面识别多主体协同创新的动机因素，将为重大工程管理人员实施有效的管理提供帮助。实践中，多主体协同创新的形成受到多个因素共同作用，而不仅是受某个因素单独影响，因此传统的某个动机因素对协同创新的对称“净效应”是很难为项目管理提供理论参考的，需要采用“组合效应”对多主体协同创新的形成进行分析。多主体协同创新是一个发展的过程，在整个过程中会发生动态演化，需要利用系统相关理论对其进行分析，同时也不能忽略多参建主体的功能角色和显著性对协同创新演化所产生的动态变化；因此，需进一步利用复杂性与复杂适应系统、利益相关者理论对多主体协同创新动态演化进行分析。通过分析多主体协同创新的动机、形成机理和动态演化过程，可以归纳出多主体协同创新绩效的关键影响因素，并通过系统动力学(System Dynamics, SD)方法对其进行深入的研究，以进一步深化本研究的研究价值。基于上述分析，本书的逻辑技术路线图如图1.1所示，从动机识别、形成机理、动态演化到绩效提升策略层层递进，分别依赖于不同的理论基础。

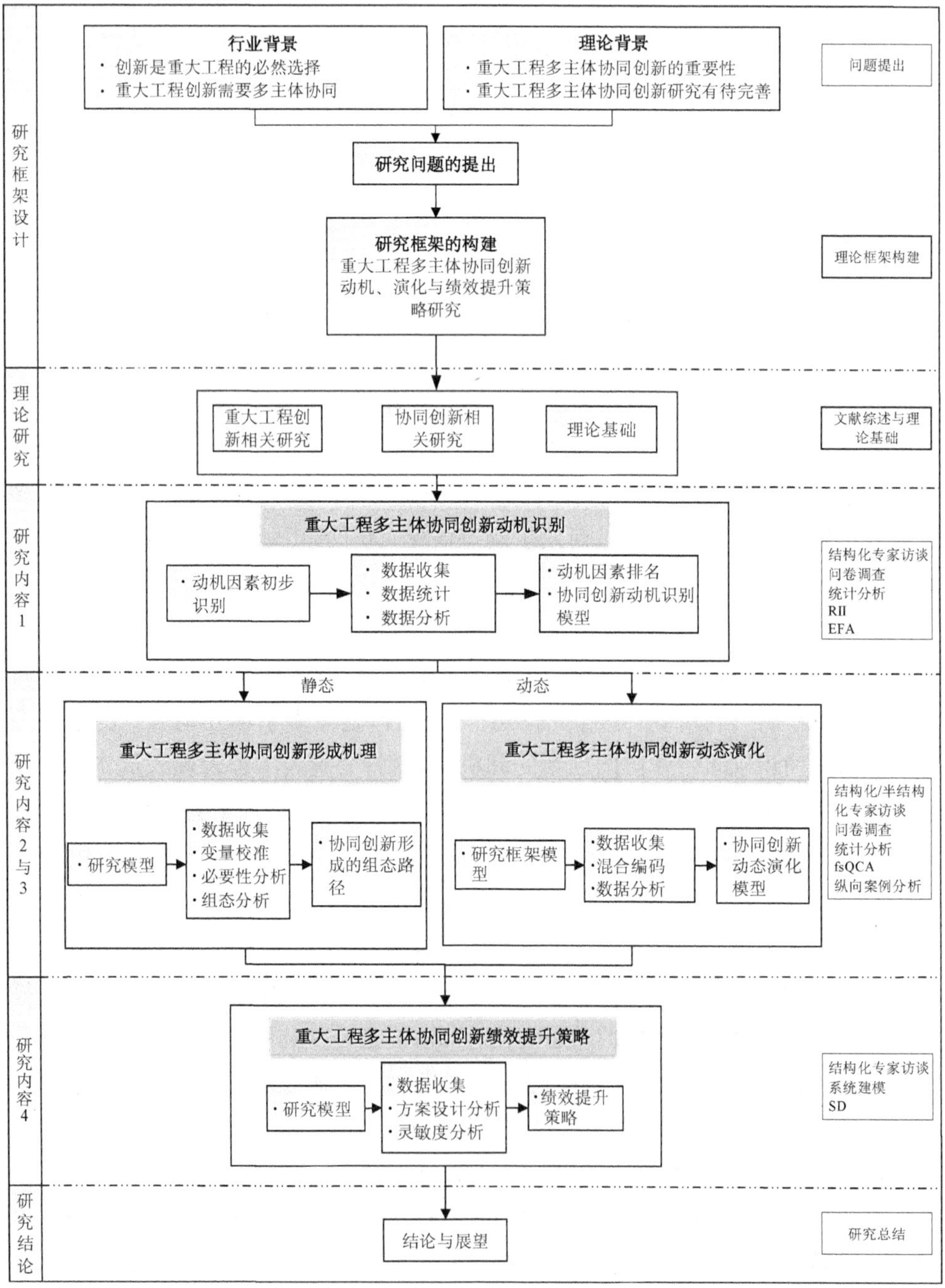
研究框架设计
行业背景
· 创新是重大工程的必然选择
· 重大工程创新需要多主体协同
理论背景
· 重大工程多主体协同创新的重要性
· 重大工程多主体协同创新研究有待完善
问题提出
研究问题的提出
研究框架的构建
重大工程多主体协同创新动机、演化与绩效提升策略研究
理论框架构建
理论研究
重大工程创新相关研究
协同创新相关研究
理论基础
文献综述与理论基础
研究内容1
重大工程多主体协同创新动机识别
· 动机因素初步识别
· 数据收集
· 数据统计
· 数据分析
· 动机因素排名
· 协同创新动机识别模型
结构化专家访谈
问卷调查
统计分析
RII
EFA
研究内容2与3
静态
动态
重大工程多主体协同创新形成机理
· 研究模型
· 数据收集
· 变量校准
· 必要性分析
· 组态分析
· 协同创新形成的组态路径
重大工程多主体协同创新动态演化
· 研究框架模型
· 数据收集
· 混合编码
· 数据分析
· 协同创新动态演化模型
结构化/半结构化专家访谈
问卷调查
统计分析
fsQCA
纵向案例分析
研究内容4
重大工程多主体协同创新绩效提升策略
· 研究模型
· 数据收集
· 方案设计分析
· 灵敏度分析
· 绩效提升策略
结构化专家访谈
系统建模
SD
研究结论
结论与展望
研究总结

图 1.1 技术路线图

1.3.2 研究设计

本研究是重大工程领域的一项探索性研究，研究周期较长，涉及不同的研究理论与研究方法，研究过程遵循学术研究的规范性要求。在研究中，借鉴“洋葱圈”思维方法模式图（杨德磊，2016），通过研究重大工程组织管理、重大工程创新管理、协同创新等相关文献，根据项目复杂性与复杂适应系统、资源依赖理论、交易成本理论、计划行为理论以及利益相关者理论确定了重大工程多主体协同创新研究思路，并将质性研究、实证分析与仿真模拟三者结合起来，在研究范式、研究逻辑、研究策略、研究维度以及研究方法方面作出综合分析与选择。

1）研究范式与研究逻辑

本书主要采用诠释主义与实证主义研究两种范式，并采用演绎法与归纳法相结合的研究逻辑。在理论框架搭建中，以项目复杂性与复杂适应系统、资源依赖理论、交易成本理论、计划行为理论以及利益相关者理论为基础，研究了重大工程管理和创新管理相关文献，同时通过与实践者访谈的方式，逐渐切入有意义的研究问题。具体研究过程中，首先，基于实践中的普遍现象与规律，识别重大工程多主体参与协同创新的动机因素，并基于不同动机因素的特点以及实证数据，将其划分为主要的动机维度。然后，在分析多主体协同创新形成机理中，运用实证数据与案例资料，归纳多主体协同创新形成的不同路径，并根据研究结果演绎出不同的创新类型与多主体协同创新形成路径的匹配程度。其次，在分析多主体协同创新动态演化过程中，通过将归纳法与演绎法相结合的研究逻辑开展案例研究，诠释多主体协同创新的演化路径及多主体自身的动态变化。最后，在分析多主体协同创新绩效提升策略中，通过文本资料分析的方式，基于相关理论提出假设并利用 SD 进行仿真模拟，研究各驱动因素的“非线性耦合”作用效果，并提炼出协同创新绩效提升的管理策略。

2）研究策略与研究维度

本书使用案例分析和调查这两种研究策略，将质性研究与定量分析两者有机结合。在研究时空维度方面，本书同时运用了横向性与纵向性分析。首先，案例研究涵盖了港珠澳大桥 2003 年至今时间段中，通过归纳特定对象在某一个时间段内的潜在发展规律，从而基于个案来归纳一般的协同创新演化现象。同时，在分析多主体协同创新动机因素及动态演化过程中，采取调查问卷这种横截面数据收集方式，基于小样本测试的结果再推广到大样本的数据收集与分析。

3）质性与定量相结合的研究方法

本书整合一手与二手数据，通过因子分析、专家访谈、定性比较、文本资料数据编码、案例研究和仿真模拟等分析方法与工具，开展具体的研究。多主体协同创新动机识别综合运用了一手数据中的调查问卷和专家访谈等研究方法；多主体协同创新形成机理采用了文献阅读、专家访谈、调查问卷、定性比较分析等一系列探索性研究的规范步骤；多主体协同创新动态演化遵循着文献阅读与归纳、二手案例资料收集、专家访谈与案例调研的一手数据收集、质性分析等研究步骤，其中二手资料主要来自官方网站、权威媒体（如新华网）、项目纪录片等，资料是公开且可以复核的，在一定程度上保证了研究过程和研究成果的可靠性以及可复制性。在对多主体协同创新绩效提升策略分析中，基于文献资料来确定各因素之间的因果关系，并基于专家打分确定彼此间的关系，通过系统仿真方法确定协同创新绩效的作用路径与效果，并提出合理的绩效提升策略与建议。

1.3.3 研究结构安排

本书旨在分析重大工程情境下的多主体协同创新，首先分析重大工程多主体协同创新的动机因素，其次探讨重大工程多主体协同创新形成与演化，最后从管理角度出发分析绩效提升策略。基于技术路线设计，具体的研究结构如下。

第 1 章 绪论。从创新是重大工程的必然选择、重大工程创新需要多主体协同、重大工程多主体协同创新研究有待完善等方面分析了本书的背景，在此基础上提出研究内容以及技术路线图，凝练了本书的创新点。

第 2 章 文献综述与理论基础。对重大工程创新、协同创新等研究内容进行了回顾与评述，系统介绍项目复杂性与复杂适应系统、资源依赖理论、交易成本理论以及利益相关者理论，从而为后续研究提供理论基础。

第 3 章 研究设计。分析了研究问题的选取过程，阐述了质性研究和实证研究的方法，简单介绍了研究中采用的方法。

第 4 章 重大工程多主体协同创新动机识别。基于资源依赖理论和交易成本理论，探索性地识别了影响多主体参与协同创新的动机因素，通过重大工程实证数据分析，提炼出重大工程多主体协同创新的动机模型。

第 5 章 重大工程多主体协同创新形成机理。基于资源依赖理论、交易成本理论和复杂性理论，利用第 4 章总结的协同创新动机模型中的主要动机维度构建了重大工程多主体协同创新形成的组态模型；通过重大工程实证数据探索了多主体协同创新形成的4条组态路径。

第6章 重大工程多主体协同创新动态演化。基于项目复杂性与复杂适应系统理论和利益相关者的文献与理论，首先构建了一个包含“影响因素—主体行为—系统动态演化”的重大工程多主体协同创新动态演化研究框架；之后，在此基础上，基于重大工程实践数据开展分析，并与现有研究发现进行对比，系统归纳与演绎了多主体协同创新动态演化过程中的影响因素、多主体功能角色和显著性的动态变化以及多主体协同创新系统的演化阶段；最后，提炼出重大工程多主体协同创新动态演化模型。

第7章 重大工程多主体协同创新绩效提升策略。基于复杂性与复杂适应系统和资源依赖理论，整合现有文献和专家访谈结果，构建了影响因素间的因果关系模型、存量流量模型以及确定数学方程关系。根据重大工程多主体协同创新的实践情境设定了不同的绩效提升方案，通过分析不同方案对重大工程多主体协同创新绩效的动态影响效果，针对性地提出了重大工程多主体协同创新绩效的提升策略。

第8章 结论与展望。探讨本书的结论和管理启示，并提出研究局限和未来研究方向。

1.4 主要创新点

基于重大工程的复杂性和临时性特点，本书以项目复杂性与复杂适应系统、资源依赖理论、交易成本理论以及利益相关者理论为基础，利用中国情境下的重大工程数据，探索多主体协同创新的动机、形成、演化和绩效提升策略。本书延伸了协同创新研究领域，拓展了重大工程组织行为的研究内容，为重大工程情境下的组织行为研究作出了贡献。研究的创新性主要体现在以下4点。

(1) 将资源依赖理论和交易成本理论应用于重大工程多主体协同创新动机研究中，探索性地识别重大工程情境下多主体参与协同创新的动机因素，并通过实证分析，提炼出重大工程多主体协同创新的动机识别模型，弥补了重大工程情境下多主体参与协同创新的动机这一研究空白，为重大工程项目的从业者、决策者或政策制定者采取有效措施激发多主体参与协同创新提供了理论参考。

(2) 基于组态视角探索了多个动机因素交互作用，从而促进协同创新所形成的组态作用，改变以往从对称“净作用”效果和权变视角分析协同创新形成的研究范式，得到促进多主体协同创新形成的多条等值组态路径。研究为重大工程多主体协同创新的形成提供了不同见解，为提前采取有效应对措施来促进不同类型创新的形成提供了实践建议。

(3) 通过提炼出的重大工程多主体协同创新动态演化模型，揭示了重大工程多主体协同创新“为什么”和“怎么样”动态演化的内在机理，加深了对重大工程情境下多主体协同创新动态演化内部逻辑的认识，也为重大工程协同创新实践中项目管理人员采取针对性的引导策略，促进协同创新的发展与演化提供可供参考的洞见。

(4) 整合复杂性与复杂适应系统以及资源依赖理论的最新理论成果，识别了多主体协同创新绩效的影响因素、绩效间的因果关系链条和循环耦合效应，揭示了重大工程情境下多主体协同创新绩效提升的内在规律。本书一方面为发现重大工程多主体协同创新低效的根源提供新的视角，另一方面为提升重大工程情境下多主体协同创新绩效提供了指导。

第 2 章

文献综述与理论基础

本章主要从研究对象(重大工程创新和协同创新)以及理论基础(项目复杂性与复杂适应系统、资源依赖理论、交易成本理论、利益相关者理论)出发，梳理了现有文献及研究成果，以此来发现现有研究的不足，并为接下来的研究模型构建、研究结果分析提供理论参考。

2.1 重大工程创新相关研究

2.1.1 重大工程创新的内涵

创新可以视为“建立一种新的生产函数，即把一种从来没有发生过的生产要素与生产条件的新组合引入生产体系”(约瑟夫·熊彼特，2008)。随着创新研究内容的不断延伸，不同理论研究学者对创新形成了不一样的解释与看法。Damanpour 和 Evan(1984)将创新划分成为技术创新和管理创新 2 类：其中，技术创新主要体现在产品、服务以及生产工艺技术等相关方面所作出的改变，而管理创新则体现在组织结构和组织管理流程方面所作出的改变。Dewar 和 Dutton(1986)按照创新和现有的社会实践偏离程度，将创新分成突变创新和渐变创新 2 类：其中，突变创新是与已有实践发生了非常大的、根本性的偏离或者突破性的变化，相对而言，渐变创新与已有实践未呈现出较大的偏离。Duncan(1976)总结了涵盖初始阶段与实施阶段的创新双边理论：其中，初始阶段主要任务内容是问题识别、信息搜集、态度形成、评估和资源配置阶段等有关信息汇总，实施阶段可以理解为延续初始阶段，或者说使用改进或全新方法来不断优化创新活动。

重大工程项目的复杂性、不确定性和社会责任要求为创新理论和实践创造了巨大的机会(Brockmann 等，2016)。重大工程项目创新由参与“一次性”项目的“永久”建筑企业实施(Winch，2014)，因此，重大工程项目创新可为最佳项目实践规则和服务，以及创建项目管理实践的细节提供方法论方面的支持，也可为项目绩效的提升作出重要贡献(Sergeeva 和 Zanello，2018)。重大工程创新活动是基于特定的建设工程任务开展的，主要是为该建设工程项目的目标和战略提供服务。通过检索发现，相关学者根据研究目的对重大工程项目创新进行了定义，如表 2.1 所示。

表 2.1　国内外学者对重大工程项目创新的概念界定

作者	概念界定
Brockmann 等(2016)	导致技术、管理或法律组织内产品和流程投入产出比提高的变化
Fernando 等(2020b)	项目层面创新是指：将想法应用于新的或改进的产品(包括材料、工厂和设备)、软件、技术、方法、实践，旨在使项目受益的系统
Chen 等(2020)	技术创新是在重大工程项目中应用的新的实践或技术知识
Davies 等(2014)	一种新的产品、流程、服务或组织系统，它改变了组织、市场或社会的普遍秩序
Chen 等(2021)	在项目层面和企业层面实施的，新颖或显著改进的想法、产品、流程、技术、工具或组织方法，可为公司和重大工程创造价值
Sergeeva 和 Zanello(2018)	具有阶段性变化并创造价值(如财务价值、环境价值、社会价值、创造就业机会等)的新产品、流程或服务
陈宏权等(2020)	通过联盟形式进行合作，同时通过形成协同创新相关架构，来提升重大工程创新活动的开放性
Cantarelli(2020)	创新既可以是过程也可以是结果。作为过程，创新包含 5 个维度：层面、驱动因素、发展方向、来源和轨迹。作为结果，创新是指“什么样的”创新，包含 4 个维度：形式、新颖程度、所指维度和类型
Gil 等(2012)	重大工程项目创新可看作是实现项目目标的过程，因此也受“进度-质量-成本”铁三角的限制

在重大工程领域，创新定义中突出了以下几点：①不仅局限于产品创新、流程创新或技术创新，还包括管理创新；②创新的目的是解决建设难题、提升效能和创造价值；③创新不仅是创造，还包括提升；④创新存在于不同层面，如企业层面和项目层面。

重大工程中的创新是目标导向的，在实践过程中，重大工程创新具有非常强的情境依赖性(Sergeeva 和 Zanello，2018)。与其他行业创新对比可总结出，重大工程项目创新呈现三个典型特征:不一样的创新驱动力,受到铁三角、安全等各种条件的约束(Chen 等, 2020),临时组织的动态性和特殊性(Zhao 等, 2018)。因此,当已有的工程技术能够完成工程项目目标时,承包商和业主一般不愿意使用新技术或新工法(Davies 等, 2014)。重大工程创新涉及不同层面,因此展现出跨层组织结构特征(Winch, 2014)。单一主体几乎不可能独立完成重大工程技术创新等相关活动,需要业主、设计单位、施工总承包单位、专业分包商以及其他创新主体,根据需求构建创新网络来攻克各类难题(Lehtinen 等, 2019)。作为重大工程的重要项目管理组织,业主在立项决策、设计施工、运营管理以及多主体关系治理等方面均承担着重要的作用(盛昭瀚等, 2020a)。

基于此,在本书中创新被定义为以重大工程项目为载体,多主体实施的新的或显著改进的产品(包括商品或服务)、流程、技术、工艺或组织管理方法等,其目的是为了解决重大工程建设难题,并创造价值。基于此定义可以发现,许多重大工程项目本身就是创新,例如长大桥梁、更深或更长的隧道以及更大的水坝等。创新是受到各种内、外部因素驱动,发生在项目全生命周期中,由参与工程项目的多主体共同实施,各阶段、各专业之间互相影响又相互依赖,所有这些要素共同促进利益相关者合作,或促进创新网络、新系统的形成与发展(Zhang 等, 2020)。因此,从系统的维度来看,重大工程创新是一种创新系统。

2.1.2 重大工程创新分类

重大工程创新强调创新的“过程”与“效益”,即通过改变已有方法、理念或者形成完全不同的方法来实现项目建设的最终目标。根据不同的研究目的,已有研究从多个角度对重大工程创新进行了分类。Slaughter(1998)根据变化的幅度大小以及与其他组件和系统的联系,指出创新可以分为 5 类:渐进式创新、模块化创新、结构式创新、系统创新和激进式创新。这 5 类创新可能发生在不同的项目阶段,需要各种资源的支撑以及有效的组织监督。同时,这 5 类创新也会带来不同的作用效果,在项目管理研究中被广泛应用。Lu 和 Sexton(2006)指出,从知识基础观来看,创新分为 2 种类型:探索性创新和应用性创新。探索性创新侧重于面向项目所有者和项目特定问题的解决,而应用性创新则取决于“内部组织和一般客户的开发活动”(Lu 和 Sexton, 2006)。Brockmann 等(2016)通过案例分析发现,产品创新、技术创新、技术组织创新和管理组织创新是重大工程项目的典型创新类型。产品创新涵盖各种类别,从独特的定制产品到多种低标准化的产品(Davies 等, 2009)。大型项目中的技术创新是围绕特定项目的特定工程要求实施的,例如泰国 BangNa

高速公路的 D6 下悬梁和倾斜弹性轴承技术创新(Brockmann 等，2016)。在设计或施工阶段安排技术组件的集成和流程的技术组织(例如承包商和设计师)将有助于技术组织创新的实现(Brockmann 等，2016)。领导力改进和高效的组织文化是 2 个典型的管理组织创新之处(Fan 等，2017)。Greco 等(2021)按照创新的开放程度将创新分为开放式创新和封闭式创新。

还有学者根据创新的不同范式，对不同种类的创新进行了深入分析与探究，如社会创新(van der Have 和 Rubalcaba，2016)、协同创新(Chen 等，2021)、责任创新(Stilgoe 等，2013)和包容创新(George 等，2012)等。协同创新作为一种重要的创新范式，是重大工程中经常被采用的一种模式。重大工程项目中的协同创新是多主体共同努力创造新的或显著改进的建筑产品、方法或流程，以实现价值创造的研发过程(Xue 等，2018)。重大工程背景下的协同创新有 2 个典型特征：①创新，要求在管理上具有灵活性，以处理复杂性和不确定性；②多主体间的协同，要求多主体根据实际情况选择合适的项目管理方式来处理彼此间的差异。

通过文献综述可以发现，重大工程创新有不同的类别，需要不同的资源来实现，因此，仅凭借某个主体已有资源是很难实现创新目标的。在重大工程中，多主体需要整合内、外部不同的资源和各类创新要素，并通过高效的领导力和紧密的协同合作来实现创新目标。协同创新作为实现创新目标和工程目标的重要范式，深入探究多主体参与动机、形成及演化过程，可以为多主体协同创新实践提供理论建议。

2.2 协同创新相关研究

2.2.1 协同创新概述

协同创新作为一种重要的创新范式，是对“一切照旧”(business as usual)模式(Bucic 和 Ngo，2012)的改变，是“通过分享想法、知识、专业知识和机会，追求跨越企业边界的创新”(Esposito De Falco 等，2017)。协同创新是连接 2 种不同理论：经济理论假设(对稀缺资源的竞争)和系统理论假设(系统之间是存在知识以及信息的共享与合作)的桥梁(刘建昌等，2015)。

协同创新存在 4 个主要特点：①整体性，多主体共同参与创新活动中，这会带动协同创新系统的形成，该系统为各种要素的有机整合，而不是要素的简单相加。因此，创新资源与创新主体要素彼此间互相连接，彼此间均不能相互脱离而单独存在。基于此，创新主体与创新资源在协同的时候其存在方式、目标与功能都会呈现出相对统一的整体性。②动态性，协同创新是不断发展、变化的过程，这种变化主要体现为创新资源以及创新主体变化，进而促进了创新生态系统的动态演变（陈劲和阳银娟，2012）。③耗散性，创新主体在参与协同创新的过程中，不得不与其所在的外界环境或其他参与主体密切地交换信息、能量和物质，从而可以不断补给创新资源，及时获取开展创新活动所需要的相关能量。创新主体在实施创新活动的过程中拥有的有效能量呈现出递减趋势，如自身知识资源的消耗以及外界人脉资源的有限获取等。④复杂性，协同创新的发展促进了协同创新系统的演化，这使得协同创新系统的内部呈现出典型的复杂性。创新生态系统需要各主体间进行互补性资源的共享，从而实现各主体间的优势互补，来不断提升协同创新绩效（高爽，2019）。

项目层面协同创新的主要目的体现在实现项目中的科学技术创新目标，在这个过程中将会形成一个多项目集合且项目间存在交互作用效果的系统（高爽，2019）。实践中，没有一个项目是单独存在的，其或多或少都会与其他项目存在着不可忽略的联系，它们也都需要受到项目生命周期以及项目彼此间的关系影响。项目层面协同创新系统不仅连接了项目与多主体之间的关系，也连接了多主体间的关系，使得项目、多主体间的信息、物质、能量交换更加顺畅。因此，项目层面协同创新除了呈现出协同创新的 4 个主要特点外，还呈现出相似性、流动性以及互补性等特点。项目层面协同创新还可以通过“1＋1＞2”的“协同剩余”作用效果来不断促进项目、多主体间的知识流动以及资源整合。

不论是企业层面的协同创新还是项目层面的协同创新，均需将不同的创新主体要素进行系统优化以实现合作与创新；因此，协同创新可从整合和互动 2 个方面进行分析，陈劲和阳银娟（2012）总结了协同创新的理论框架，如图 2.1 所示。

一方面，多主体需要共同整合知识、资源、行动、绩效等相关资源；另一方面，各主体需要互动、分享互惠知识、优化配置各种资源、同步具体行动以及互相配合促进系统的高匹配度（陈劲和阳银娟，2012）。整合和互动的过程可以解释为协同创新从主体间沟通转向协调，然后发展为合作，从而实现协同目标的一个过程（Serrano 和 Fischer，2007）。首先，沟通的过程旨在使各主体间主动地分享、转移和整合知识和技术；大学和研究机构作为最为重要的知识生产者和提供者，对知识的分享、转移和整合等起到了重要的促进作用。其次，协调的过程是资源、知识的

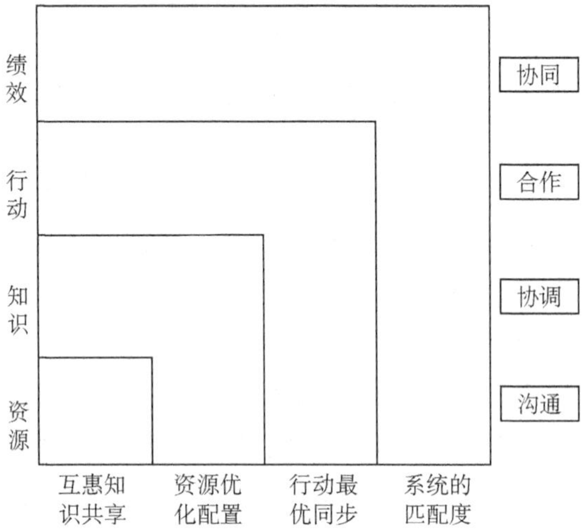

图 2.1 协同创新理论框架

合理化分配和整合，系统化利用资源，从而达到资源的充分利用、节约生产成本的作用效果。在经济社会快速发展的 21 世纪，资源是促进生产力提升、提高竞争力的重要因素，如何通过多主体协同创新达到已有资源的合理优化配置，成为理论研究中关注的重点。再者，合作涵盖了知识、资源和主体行为这 3 方面的有效整合，包含对知识、技术、信息的共享和整合，对资源的分配达到合理化，达到行为的同步开展与实施。最后，协同是对前 3 个阶段的升华，是多主体实现协同创新过程的最后一个步骤，主要涵盖对知识、资源、行动、绩效的全方位整合。系统的匹配度会对绩效产生影响，各个管理部门制定的方针政策、高校及科研机构的知识创新成果等，与实践需求之间的匹配度都会影响创新绩效。系统内各个要素之间的整合和互动的程度将会影响协同创新预期目标的达成。

在重大工程项目情境下，协同创新可以促进和增强多主体之间的关系，进而为项目带来更多收益(Davies 等, 2014)。例如，协同创新可以促进多主体利益的一致性，提高利益相关者的满意度，并有助于实现重大工程项目目标(Locatelli 等, 2021; Worsnop 等, 2016)。已有研究还表明，协同创新有助于多主体间利用协同工作的机会来探索更多的潜在机遇(Guertler 和 Sick, 2021; Khraishi 等, 2020)。在开展创新活动过程时，多主体将共享或创造新技术、新工艺、有效的管理技能以达成创新目标(Zhang 等, 2020)。

2.2.2 协同创新的动机研究

动机解释了个人或组织在特定时间段内发起、延续、调整以及终止某一种行为的原因。动机具有激发、指向、维持和调节个人或组织行动的功能。动机最开始被应用到心理学领域，通常被视为决定某一个人或组织行为的重要因素。尽管不同主体拥有不同的目标和利益，但他们参与协同创新的动机在某种程度上是相似的(Walker 和 Lloyd-Walker，2016)。多主体参与创新活动在很大程度上依赖其自身的承诺，他们被一个想法或目标自我激励或被外部要求说服(Cincera 等，2003)。这同样也适用于重大工程多主体间协同创新，其需要整合具有不同目标、兴趣、动机和计划的多主体(Davies 和 Mackenzie，2014)。实践表明，确定驱动多主体参与协同创新的动机及促进和推动协同创新的条件，可以为业界提供管理协同创新的有效策略。现有对多主体参与协同创新的动机研究中，通常采用"motivations""drivers""stimuli"等词来描述[如 Bossink(2004)，Hojnik 和 Ruzzier(2016)，Li-Ying 等(2018)]。通过文献检索发现，作为"经济人"的多主体采用协同创新的目的包括来自自身发展的需求以及响应外部要求(Battistella 和 Nonino，2013；Locatelli 等，2017)。在本书中，多主体协同创新的动机是指多主体在重大工程项目中采取协同创新行为的动力。

现有研究对一般基础设施项目的多主体协同创新动机研究分别从企业层面、项目层面进行了分析。

企业层面的动机更多地反映了多主体参与协同创新活动是基于自身利益出发，所作出的综合选择。企业层面的因素包括知识与资源的共享与获取、实现风险分担、提升绩效、提升竞争力以及获得更多经济收益等。

一般来说，参与协同创新的多主体希望通过知识创造、知识共享和知识应用形成松散耦合的协作关系(Wang 和 Hu，2020；Zhao 等，2018)。涂振洲和顾新(2013)指出，产学研协同创新是促进我国重大知识与技术创新的重要创新范式，从知识流动视角分析了产学研协同创新过程中的知识共享、知识创造和知识优势的动态发展过程与内在激励。知识创造可以被视为一个自我超越的持续过程，在这个过程中，多主体获得新知识以超越现有界限并创造新事物(Yang 等，2010)。多主体从他们的内部和外部获得资源创造新知识，以防止僵化，促进创造力提升，并获得竞争优势。探索、创新、组合和开发是创造知识的 4 大重要策略(Yang 等，2010)。知识共享是一个复杂的交互过程，涉及研发知识、信息、技术、经验和技能的交流(Terhorst 等，2018)。它创造了形成新解决方案的机会，可为高效和成功的创新项目提供价值。与知识转移不同，知识共享并不是自己发生的(Wang 和 Noe，2010)。知识应用是解决现有问题、创造新方法或新产品、提高效率的实际应用。

在资源方面，Schwartz 等(2012)研究发现，企业通过参与协同创新活动来获取各类专业知识、设施和资金等不同的资源，从而促进自身创新能力和自身响应外部环境变化能力的快速提升。在竞争日益激烈的当代社会，掌握了核心资源就意味着拥有了先发优势，能够使企业在竞争中立于不败之地(张秋明等，2022)。重大工程由于其本身的复杂性和不确定性，以及很多方面几乎没有可以参考的经验或案例，因此多主体通过合作来共享资源，通过吸收、消化、整合的方式来不断突破已有限制，实现创新(Cantarelli 和 Genovese，2021)。

在风险分担方面，Okamuro 等(2011)指出，由于创新具有不确定性、复杂性等特征，其风险也远远超过了单一传统建设项目和单一主体能够识别、处理的范围，协同创新成为多主体有效分散风险、分摊成本以及降低失败概率的有效方法之一。在创新过程中，也可能存在创新要素投入风险、道德风险、资源共享风险、组织协同风险、市场风险以及利益分配风险(吴卫红等，2021)，这些风险均会对创新绩效产生负面影响。因此，实践中，多主体间的协同创新管理机制、动态管理能力通常被管理者用来降低风险、提升协同创新产出。

在绩效提升方面，由于创新主体可以从其他协同创新主体溢出的信息流以及知识流中获取有利于自身发展的各种资源，因此通过协同创新的溢出效应可以加速创新主体的技术创新以及帮助其获取更丰富的创新收益(Gulati，1999)。同时，协同创新可以促进多主体整合知识、资源、行动和绩效等，通过互动与匹配，使得各主体的优质资源得以深度挖掘使用，促进各主体将吸收的知识与自身资源融合转化为生产力，从而帮助企业提升自己的综合能力与创新力、促进重大工程创新及项目目标实现、产生具有广泛社会效益的产品或服务(叶传盛和陈传明，2022)。

在提升竞争力方面，多主体的形象、声誉是公众和社会对其的印象和评价，也是企业精神文化的外在体现。企业的声誉描述了其他主体因与该企业有工作往来而积累的印象(Foroudi 等，2020)。在我国，重大工程具有重大的政治和社会影响力，因此，创新主体希望借用参与协同创新的机会来提升企业形象和声誉，从而提升其在市场竞争中的地位。同时，参与重大工程协同创新活动，也可以帮助其获得前沿的知识、技术以及管理能力等，帮助其在接下来的项目竞标中掌握更多优势(曾赛星等，2019)。

作为“经济人”的多主体为了企业发展以及企业利益目标，在受到相关物质或者非物质的奖励时，能够充分调动起其积极性和主动性，利用自身优势与其他主体互动、协调、整合和协同来开展相关创新活动，解决项目难题，实现项目目标(章新蓉等，2021)。

项目层面的因素也是激发、维持和调节多主体参与协同创新的重要因素，其可以分为来自项目的要求和政策环境的要求。重大工程具有复杂性、不确定性以及多元主体异质性等特点，同时我国的重大工程作为创新主战场，承担着国家创新活动与试验的重要角色，因此，协同创新是重大工程实践主体的必然选择(盛昭瀚等，2020b)。

在应对变化方面，已有研究发现，由于我国重大工程处于“政府-市场”二元制度情景下，国家相关部委会通过政策、法规或条例的制定与推行而培养协同创新的环境氛围与文化，从而促进多主体开展协同创新(Hanna 和 Walsh，2002)。此外，快速发展的信息技术(如 5G)以及产业变革(如装配式建造、智能建造)也加剧了企业间的竞争，促进多主体采取合作的方式来互相学习、降低重大工程创新所带来的风险，并最终达成其自身发展的需求(Chen 等，2021)。实践中的重大工程一般处于比较恶劣的自然环境中，仅仅依靠传统的建设项目主体如施工单位、设计单位等是很难完成的，经常需要整合气象部门、信息技术部门以及高端装备制造部门进行系统的规划设计，以保证重大工程项目目标的实现(曾赛星等，2019)。

尽管基于一般基础设施项目的分析在某种程度上可以反映重大工程项目多主体协同创新的动机因素，但在中国“政府-市场”二元作用下，重大工程项目中的多主体受到内、外部因素激发、维持和调节其行动，通过目标整合、资源共享以及分工协作等方式实现创新。通过分析可以发现，理论方面对重大工程情境下动机因素的研究滞后于实践，导致对重大工程协同创新管理的理论储备不充分，而其正是重大工程创新理论研究和实践应用的关键所在。因此，需要结合我国重大工程情境下周期长、复杂性高等典型情境，进行针对性的研究，以提高理论的适用性。

2.2.3　协同创新的形成研究

随着项目规模和复杂性的不断增加，重大工程项目成为提高创新水平的重要驱动力(Cantarelli，2020)。重大工程项目中不同类型的创新，如渐进式创新、模块化创新、建筑式创新、系统创新和激进式创新(根据变化的幅度)(Slaughter，1998)，可能发生在项目的不同阶段，需要多参建主体整合各种资源合作来促进其形成。

多主体协同创新的本质为完成各类创新要素的组织间或项目间的自动流动与沟通，提高创新要素的贡献、转移、吸收与利用程度，进而不断增强多主体整合外部创新要素的综合能力，是在内、外部因素作用下创新系统自组织动态发展的结果(丰静等，2020)。实践中，协同创新的核心内容为不同创新要素配置的协同优化，如创新相关资源与知识的共享、转移与整合，多主体间关系与行为协同，各类创新资源的优化配置等互动与整合过程。协同创新作为一种新的创新范式，可以理解为创新的高度复杂化组织形式，核心为多主体间根据实践需求互动与整合以形成行为的网络化甚至系统化（高丽娜等，2018）。协同创新形成主要指的是各主体参与协同创新活动时形成的动力、规则和程序的总和，反映了各主体萌生参与协同创新的意愿及结果。

已有研究从动机、动因等角度探究了其对协同创新形成的作用效果。例如，蓝晓霞（2014）指出经济利益是多主体协同创新的原动力。由于多主体参与社会经济活动的目标是追求利益，因此，利益在多主体协同创新的形成以及动态演化过程中一直扮演着核心驱动力的角色（Hernandez-Espallardo 等，2018）。以设计单位、施工单位为代表的企业在生产活动中，希望利用规模效益来增加其收益，并能够帮助其减小或者分散创新风险、缩短研发时间，以及尽快完成项目目标（蔡超勋等，2021）；而高校以及科研院所则希望利用该机会获取科研经费来探索前沿技术与知识、推进研究成果的实践应用。总之，利益是推动多主体协同创新的原动力，同时协同创新的成功实施也有利于促进多主体的互利共赢（李永奎等，2017）。高丽娜等（2018）指出，知识扩散是促进协同创新形成的基础。组织间知识扩散主要通过市场交易或者创新外溢两种方式，市场交易是因为不同的主体掌握不同的核心技术，即“术业有专攻”，不同主体为了提升效率，通常会互相帮助；而创新外溢主要是指表现出公共品性质的成分能够在不同主体间传递，这些知识既包括显性知识也包括隐性知识。在竞争激烈的当代社会，隐性知识的掌握已经成为推动社会经济发展的核心动力，因此，多主体在创新过程中产生的具有外部溢出效应的隐性知识成为多主体参与协同创新的重要基础（许蕾和丁荣贵，2021）。高丽娜等（2018）也指出，实现企业发展是多主体协同创新的内在动力。作为市场经济中的企业、高校以及科研机构，通过各种方式来使其自身发展是其生存的法宝。因此，实现自我发展目标、不断提升组织进步也被视为多主体协同创新形成以及动态演化的关键性内在需求（王晓红等，2022）。在竞争不断白热化的市场和知识竞赛环境下，科学技术被视为第一生产力，创新被视为实现企业可持续发展的动力，也被高校及科研机构视为开拓进取的源泉（Freeman 和 Soete，2009）。一方面，科学技术是企业长远发展的核心竞争力，然而企业并不能在所有领域都掌握最先进的科学技术，也很难独自承担起与科学技术相关的所有环节的活动，因此与其他主体间的协同创新成为提升其科学研究能力以及帮助其获得前沿科学技术的有效手段。另一方面，高校与科研机构作为人才培养与社会服务的重要提供者，通过参与科学技术的协同创新活动，能够为其不断积累成果产出、增加其科研经费收入，从而进一步提升其声誉。纪国涛(2019)指出，内部动力以及外部推力间的动态博弈促进了国网辽宁电力产学研用的联合体形成与演化。

研究学者采用了不同的方法对协同创新的形成进行了研究，如采用解释结构模型、结构方程模型多元回归等对称方法或者案例研究方法。纪国涛(2019)基于对国网辽宁电力产学研用联合体的案例分析，总结了联合体形成的驱动因素及其形成过程，并发现其联合体的形成是以某一类驱动因素为主导，其他因素赋能的方式来形成及演化的。王丽梅(2016)利用解释结构模型这一方法搭建了影响高校间协同创新网络形成的关系模型，通过分析因素间的相互作用关系总结得到了三条作用路径，分别为协同创新网络形成的最直接动因、根本动因和间接动因路径。李瑞(2019)采用扎根理论方法总结了协同创新的形成与发展，发现组织、资源和能力这三个要素的协同会对形成模式的具体内容、影响范围、影响程度以及主体数量产生影响。罗泰晔和马翠嫦(2018)利用指数随机图模型，基于专利数据分析了协同创新网络形成的机理，研究发现网络的形成受到知识分享等外生变量，以及网络内部结构等因素的共同影响而形成。张瑞雪(2016)利用社会网络分析方法总结了建设工程项目创新中的多主体协同形成过程，包括关系形成和组织间互动；利用Logistics 模型模仿了协同创新作用的过程。熊肖雷和李冬梅(2016)基于结构方程模型方法，探索了创新环境对企业协同创新参与及形成的作用效果，发现其并不能直接形成非常显著的作用效果；分析了创新战略协同度以及协同创新机制在创新环境作用于协同创新参与及形成中的中介作用；同时也证明了创新战略协同度以及协同创新机制能够直接对协同创新参与及形成产生影响。

已有研究也对协同创新形成的不同路径类型进行了探索，如科技成果转移转化驱动型、资源整合驱动型以及协同创新驱动型(纪国涛，2019)；按照领导方式划分的政府推动型、主承包商驱动型以及项目管理办公室驱动型(杨阳和侯光明，2014)。这些不同类型的协同创新路径反映了协同创新的形成是由不同因素交互作用而产生的，是需要深入研究的问题。

通过分析可知，已有研究大多采用对称方法，如回归分析或结构方程建模方法，来分析不同因素对协同创新形成的影响。尽管回归分析或结构方程建模方法等基于相关性的方法在分析单个动机因素的作用效果方面发挥着重要作用，但这与实践是相违背的。实践中，多主体协同创新的多重动机因素开发可能会对协同创新形成产生作用效果；多主体协同创新的形成也是一个复杂过程，受到不同因素的共同作用。虽然现有基于对称方法的研究探索了每个动机因素对多主体协同创新形成的“净作用”效果(Lloyd-Walker 等, 2014),但是其不仅没有“提供有关模型因变量和自变量之间相互作用的信息”(Chaparro-Peláez 等, 2016),而且忽略了几个相关变量的“组合效应”。因此,需要从整体和不对称的角度,利用组态视角下的方法来探索动机因素的不同组合对多主体协同创新的作用及多主体协同创新形成的组合效应。

2.2.4 协同创新的动态演化研究

协同创新组织中会同时存在众多创新子系统,构成这些系统的核心是创新主体及其关系,不同的创新子系统内、外部彼此作用、连接,从而形成了不同的组织模式,也引发了复杂创新系统的不断发展与演化。协同创新系统与生物生态系统存在某种程度的相似性,都需要着重突出系统内的物质、信息和资源的流动,以及系统的不断迭代、更新和演化。

在项目情境下,“协同创新系统”一词是指不同利益相关者之间针对创新和价值创造形成的协同网络和互动关系(Benitez 等, 2020)。协同创新系统由许多相互关联和相互依存的创新利益相关者组成,例如当地社区、产学研单位、非政府组织等(Gomes 等, 2018)。协同创新系统通常是由制定规则和目标、提供公共平台以及负责系统平稳运转的领导者来领导(Gomes 等, 2018),并由多个为了完成目标而参与系统中的多主体参与或辅助。在协同创新系统中,包含主导者和参与者的多主体是形成系统的基础,通过技术创新联盟、供应链系统等将多主体有机整合到一起,参与项目技术创新、组织创新和管理创新等全过程。

项目层面的协同创新系统受到越来越多的重视。Zhang 等(2021)利用网络方法研究了基础设施协同创新网络演化中合作行为的级联过程。Callens 等(2021)整合“创新公共采购”和“协同创新”文献,基于 fsQCA 方法分析采购相关和协同相关条件如何导致政府和社会资本合作(Public-Private-Partnership, PPP)项目创新。何海艳等(2021)利用网络博弈方法和 Netlogo 建模仿真工具,分析了工程项目创新主体间的协同创新行为动态博弈。贺新闻和王如如(2018)基于博弈方法,探究了多主体参与科技工程项目时的协同创新关系发现,在信息对称这类情形中,委托人和代理人在风险规避程度方面是随着收入的变化而变动的。

由于协同创新系统中多主体间的关系并不是一成不变的,而是随着任务、目标、时间以及影响因素的变化而不断作出动态调整,因此,系统呈现出一定的周期特征。项目情境下的协同创新系统的生命周期也遵循动态演化的过程(Gomes 等, 2018)。Heaton 等(2019)展示了协同创新系统将如何成长、衰退和重生。

Benitez 等(2020)基于工业 4.0 背景下,将协同创新系统的生命周期划分为形成、扩张和领导阶段。Chen 等(2020)总结了重大工程项目创新生态系统的演化阶段,包括诞生、发展、成熟、更新(或死亡)4 个阶段。尽管重大工程项目本身具有项目周期阶段,并随着项目建设完成以及运营移交,项目进入最终的收尾阶段,但多主体在项目中形成的协同关系并不会随着项目的结束而彻底结束,部分合作关系比较融洽的参建主体或者匹配度比较高的参建主体会共同去参与其他项目,因此协同创新系统会进入更新状态(Chen 等, 2020)。这些划分方法为研究不同背景下协同创新系统的发展提供了有价值的参考。

已有研究也分析了一般基础设施项目情境下,协同创新系统中的主体类型、主体间关系、系统动态稳定的影响因素以及协同创新对项目绩效的影响。在主体类型方面,Xue 等(2010)认为业主单位、设计单位、咨询单位、供应商单位和施工单位组织的代表需要合作完成项目目标。Locatelli 等(2021)讨论了主要供应商、用户、大学、研究机构和竞争对手等主体间的合作对重大工程项目创新作出的巨大贡献。Sergeeva 和 Zanello(2018)认为,协同网络中的创新冠军跨越基础设施部门内的临时和永久所有者和供应商,并在增强创新和学习能力方面发挥了重要作用。港珠澳大桥项目的成功交付也提供了类似的实践证明,施工单位、设计单位、供应商单位、咨询单位、公众、研究机构和大学都是协同创新的重要贡献者。

在主体间关系方面,Mu 等(2019)提出,在协同创新中,"只有少数参建主体作出了实际贡献,其他大多数是潜伏者或贡献很少的边缘参建主体"。Bengtsson 和 Kock(2000)描述了创新主体间的合作和竞争关系。此外,在协同创新过程中,可能在创新过程中具有不同规范、价值观和目标的主体之间会发生大量谈判和互动(Callens 等, 2021; Enderwick 和 Buckley, 2019; Greer 和 Lei, 2012)。组织间的互动可以通过资源流、信息流和相互期望流这 3 种关系转移(Ebers, 1997)。

在系统动态稳定的影响因素方面,利益分配与成本分担方式被视为对协同创新系统的稳定与演化产生影响(曹霞和于娟, 2015),这是因为多主体参与社会经济活动的目标是增加其经济效益。吴卫红等(2018)通过演化博弈模型和 MATLAB 仿真探讨了内、外部影响因素对协同创新动态演化的路径,分析发现良好的用户参与与政府支持、合理的内部监督机制以及基于贡献度确定的利益分配模式可以提升产学研协同创新的演化稳定性。

在协同创新对项目绩效的影响方面,Greco 等(2021)在文中总结到,通过与研究机构和大学、供应商甚至其他行业的公司合作,建筑企业可以不断培育员工的知识和能力,促进公司的结构资本优化,引入新技术(例如 ICT 技术),并最终提高生产力。Reynolds 和 Uygun(2018)指出,创新生态系统中,主要主体(例如大学、供应商和用户)之间的紧密互动以及内、外部环境的影响对创新能力的建立与稳定作出了较大的贡献。与竞争对手的合作还可以提高劳动生产率,与供应商的合作可以促进全要素生产率的增长(Belderbos 等,2004;Cincera 等,2003)。不过,协同创新不是万能的,也可能因潜在的协调成本和其他不可预测的缺点和风险,而阻碍项目技术绩效(Gatzweiler 等,2017;Tang 等,2021)。

通过分析可以发现,现有文献通过社会网络或博弈等数值方法对一般基础设施项目情境下多主体动态变化以及协同创新系统的演化进行了分析,然而其研究过程中更多是聚焦在静态的数据上。重大工程由于周期长、复杂性高、主体多样性、动态性等特点,基于静态分析难以反映其动态性与复杂性。同时,重大工程情境下协同创新动态演化与一般基础设施项目的协同创新,不管是在影响因素、主体类型、多主体的行为,还是在长周期内演化阶段与特征等方面,都存在着一些区别与不同。因此,需要从纵向维度深入剖析多主体协同创新"为什么"以及"怎么样"动态演化的内在机理,为重大工程项目管理人员采取针对性的引导策略,促进协同创新的发展与演化提供可供参考的意见。

2.2.5 协同创新绩效及影响因素

协同创新绩效指的是多创新主体在具体情境下搭建交互、协同关系基础上实现协同创新总体目标的情况。房银海和谭清美(2021)认为,协同创新绩效包含行为绩效和结果绩效两部分。行为绩效反映了协同行为所带来的收益,如信任度增高;结果绩效更多反映到创新所带来的收益,如新产品、新服务等。孙金花和杨陈(2014)用综合管理创新绩效、关系绩效和协同创新产出绩效三者来评价产学研协同创新绩效。协同创新可以将企业、高校及科研机构、中介机构等不同的创新主体整合起来,通过彼此间的良性互动、相互依存、沟通协调等过程构建动态关联关系(Steinmo 和 Rasmussen,2018)。关系绩效体现了多主体间为了实现创新目标而彼此协同的行为效果。管理创新绩效主要是指通过组织管理,如人力资源管理、计划控制等实现的管理创新。

针对协同创新绩效影响因素的分析,Bercovitz 和 Feldman(2008)明确指出,协同创新通过知识整合这一方式作用于创新主体的创新绩效。知识共享、转移与整合的效果会直接影响创新的实施及结果,成为创新管理中极其重要的因素。高校、科研机构与企业相互间的发展定位、文化、价值观差异等也是影响高校、科研机构和企业协同创新绩效的重要因素(Zan 等,2021)。De Luca 和 Atuahene-Gima

(2007)基于权变理论详细分析了市场知识和跨功能协作两者对产品创新绩效的作用效果，并进一步探讨了知识整合机制和跨功能合作这两者可能影响产品创新绩效的效果大小。Michelfelder 和 Kratzer(2013)深入探究了组织间的强弱联系结合与协同研发创新绩效之间的影响关系与方向。Gilsing 等(2011)通过分析发现，信息风险、利益风险和知识的传递性会一起对协同创新绩效产生影响；管理成本过高则是创新绩效的主要影响因素。

在研究不同影响因素对协同创新的作用效果时，已有研究主要采用诸如结构方程模型、相关性分析等方法。Wang 和 Hu(2020)采用层次多元回归方法分析了知识共享在协同创新活动与创新绩效之间的中介促进作用，协同创新活动对创新绩效的正向促进作用，知识共享对创新绩效的积极促进作用，协同创新能力在协同创新活动与创新绩效之间起到调节作用。Shi 等(2021)利用结构方程模型方法探索了工程建设供应链领域的协同创新活动在促进隐性知识共享、显性知识共享和创新绩效方面的积极作用，隐性知识共享在协同创新活动、建筑信息模型(Building Information Model, BIM)应用以及创新绩效间的部分中介作用。Xu 等(2021)用回归分析方法研究发现，组织间竞争对协同创新绩效具有正向促进作用；环境竞争越大，则组织间知识创新对协同创新绩效之间的调节作用越显著。

通过上述分析可以发现，协同创新绩效受到各种因素的交互影响，然而，现有研究大部分停留在静态层次，缺少对协同创新绩效影响因素间的循环耦合效应和非线性涌现效应分析；同时，以往的研究更多集中在某几个因素对绩效的影响分析，采用诸如多元回归、结构方程模型、数据包络分析方法等探索单个或多个影响因素与结果之间的关系，忽略了变量之间的相互作用关系，无法反映各影响因素对协同创新绩效的反复的、非线性的、动态影响过程。因此，需要从系统、动态角度分析协同创新绩效各影响因素子系统间的因果关系链条和循环耦合效应，探索协同创新绩效的非线性涌现效应形成规律，为协同创新绩效提升提供有效的管理策略。

2.3　理论基础

2.3.1　项目复杂性与复杂适应系统

“complex”一词可以理解为“包含各个部分”和“错综复杂、不容易分析和解决”

的系统。20 世纪末，随着建设项目规模不断扩大，项目参建主体的增加以及项目不确定因素和风险因素的增加，一些理论研究学者开始将复杂性理论和项目管理理论有机结合起来，探讨项目复杂性相关问题(Weaver, 2007)。Baccarini(1996)指出，项目复杂性是由多个互相作用的要素组成的，可以用差异性(differentiation)和相互依赖性(interdependence)来展开界定。Whitty 和 Maylor(2009)进一步对管理复杂性开展了比较系统的分析，他们认为复杂性不仅来自结构各元素，而且来自元素之间的相互作用和动态发展，并形成了复杂性矩阵，如图 2.2 所示。He 等(2015)通过研究总结出重大工程中的复杂性是由技术复杂性、组织复杂性、目标复杂性、环境复杂性、文化复杂性和信息复杂性组成的，并用该框架衡量中国重大建设项目的复杂性。

	独立性	交互性
结构性	独立结构复杂性	交互结构复杂性
动态性	独立动态复杂性	交互动态复杂性

图 2.2　项目复杂性结构动态相互作用矩阵

项目复杂性是针对项目复杂系统的分析，目前还没有形成统一的定义，但是大部分研究学者认为项目复杂性应该由结构性(structural)、不确定性(uncertainty)和动态性(dynamic)3 个部分共同组成。项目复杂性具有典型的特征，其主要表现在:要素数量多、要素种类的差异性和多样性、要素之间相互作用和相互依赖性、不确定性以及动态性 5 个方面。因此，可以用复杂性理论来解释现实生活中的很多现象，从复杂性理论的角度来看待这些现象，从而促进用新的方法、过程和技术来开展新的研究。

Holland 教授在复杂系统的研究过程中发现，系统是由一系列具有适应性的个体构成的并且这些个体都具有一些比较特殊的性质，比如“主动”“学习”“经验积累”等，因此他将这类系统称为“复杂适应系统(Complex Adaptive System, CAS)”。Holland 教授系统归纳了复杂适应系统 CAS 的 7 个基本特征，涵盖了 4 个特性(包括聚集、非线性、流和多样性)和 3 个机制(包括标识、内部模型和积木)(Holland, 2000)。复杂适应系统是日常生活和生产过程中一类非常普遍的复杂系统。

重大工程项目由于其规模巨大、建设周期长以及涉及主体众多等特点，因此也经常被视为是一类复杂适应系统。重大工程项目多主体与其所处的环境及其他主体彼此间发生着相互作用，不断在改变着自身，同时也改变了周边的环境，从而不断促进重大工程系统的演化和发展。随着重大工程建设的不断增加及其复杂性的不断增强，重大工程如果不开展创新是难以顺利实施并完成的，这就要求重大工程的组织不断增强其应变能力和演化能力，从而保证重大工程项目的成功交付。因此，复杂适应系统理论对于解决、解释重大工程等复杂适应系统中的复杂现象和问题，具有重要的意义和应用前景。

2.3.2　资源依赖理论

资源依赖理论（Resource Dependence Theory）可以有效解释多主体参与协同创新的部分原因（Yan 和 Dooley，2014）。Pfeffer 和 Salancik（1978）在其论著《组织的外部控制》中明确指出，实践中没有任何一个组织能够掌握其自身发展所需要的一切资源；相反，每个组织或企业都或多或少会依赖于为其自身提供各种互补资源的外部提供者（Hoppmann，2021）。组织通常会基于与外界环境的交互学习以得到对其发展有利的互补性资源，但这也可能导致组织产生资源依赖。资源依赖理论同时也指出组织需要适应外界环境，突出"组织企图积极地面对环境，希望按照自己的优势来控制环境，而不是被动地作为环境力量的接受者"（吴小节等，2015）。

资源依赖理论的主要理论假设有 4 条：①没有任何一个组织可以实现完全自给，组织要想生存不得不与其生存的外界环境中的其他组织交换，以获取关键性资源（林润辉等，2015）。②组织对某种资源的需求组成了其对外部环境的依赖性，因此，资源的稀缺性和重要性这两者在某种程度上决定了组织对外界环境的依赖程度（林润辉等，2015）。③组织很难独自运转，组织必须与外界环境交互，必须与关键资源控制者开展互动，而这些互动和谈判的能力在某种程度上决定了组织的生存机会。因此，组织需要针对外界环境的变化，持续调整其已有的组织管理模式和组织行为，从而保证持续获得并稳定来自外界环境的各种资源，减小其对资源的依赖（吴小节等，2015）。④组织间是相互依赖的，组织间的非正式关系是处理依赖问题的有效途径，如组织与其资源提供者形成合作联盟等。

重大工程项目中的多主体间分工明确，如设计单位主要掌握初步设计、施工图设计等相关知识，而具体的项目现场实施则需要施工承包单位根据图纸来实施。同时，即使相同性质的主体，其所擅长的领域和所掌握的资源也不完全相同，例如，有些单位擅长且掌握海底施工相关技术与知识，有些单位则擅长且掌握桥梁施工相关技术与知识。因此，协同创新被视为是处理这些多主体间非正式关系和获取外部资源的一种重要策略（Yan 和 Dooley，2014）。在多主体协同创新过程中，某一主体通过与其他主体构建起相对稳定的合作网络关系,可以比较容易地获取其所不掌握的资源和技术,促进隐性知识以及互补资源的获取,并且降低了各类成本、风险以及不确定性。因此,本书中将资源依赖理论视为理论之一,解释重大工程多主体协同创新的动机、形成及管理策略等相关研究问题。

2.3.3 交易成本理论

著名经济学家Coase明确指出:“交易成本(也称交易费用)主要是采取价格机制的费用,或者采取市场交换手段而产生的交易费用,其涉及信息收集费用、谈判合约费用和监督执行费用等不同的方面。”(Coase, 1937)。因此,构建一种没有期限的、相对永久性的层级性关系,也就是说将各种资源有机整合起来使其形成类似企业的组织,以此来减少资源在市场中进行转包需要投入的各类成本是一种行之有效的方法。已有研究从行为战略(Behavior Strategy)、合作战略(Cooperative Strategy)、竞争战略(Competition Strategy)等不同领域进行了详细的分析(吴小节等, 2019)。在现有研究中,研究学者经常用资产专用型、机会主义以及不确定性等相关词汇来描述交易成本。

在多主体协同创新研究中,交易成本理论解释了组织间合作产生的费用,例如选择合适的外部资源提供者、谈判和起草合同、解决发生的冲突以及在环境或条件发生变化时修改现有协议(Um 和 Kim, 2019)。交易成本理论还提供了对知识共享价值的洞察,这是促进多主体协同创新和减少不确定性的重要前提(Yigitbasioglu, 2010)。不确定性可以分为不同的形式,例如初级不确定性和行为不确定性,其中初级不确定性主要来自外生来源,行为不确定性主要指机会主义(Yigitbasioglu, 2010)。完善的合同机制可以有效区分每个利益相关者的责任,并最大限度地减少机会主义和不确定性。因此,交易成本理论在分析多主体协同创新中发挥着重要作用。

2.3.4 利益相关者理论

在项目情境下,每个组织需要重点关注影响项目目标的关键因素,包括实施过程、实践指南和多主体(或者称利益相关者)。利益相关者管理是创新管理的重要组成部分,也是促进重大工程项目成功的一个因素(Aaltonen 等, 2015)。利益相关者有不同的动机、目标和期望,因此,当他们进入项目时,会对项目的实施和交付产生影响(Leung 等, 2013);同样,重大工程项目规划和交付也会对利益相关者产生影响。在项目情境下,研究学者聚焦于谁是利益相关者展开了研究,如表 2.2 所示。

表 2.2　利益相关者定义

文献来源	定义
Chinyio 和 Akintoye (2008)	对项目的利益或者股权感兴趣的人或组织
Aaltonen 等(2015)	从问题网络的角度来看,利益相关者可以被确定为对某个问题(如核废物处置)不满、有资源或机会的人或组织
Amir 等(2019)	与项目活动或产出有利益关系或股权关系的个人、团体或组织
Derakhshan 等(2019)	在项目管理中需要将其关注点(如道德、风险)考虑进去的人或者组织
Di Maddaloni 和 Davis (2017)	需要在项目启动阶段征询其观点,在项目实施过程中受到其监督的人或组织

从表 2.2 中可以发现,学者们对利益相关者的定义可以归纳为 2 种类型。第一种类型注重分析项目和利益相关者的关系,通常使用“影响”这个词来进行定义。在该类型的定义中,影响是相互的,不仅包含项目对利益相关者的影响,也包含利益相关者对项目的影响。第二种类型使用各种描述性词语来阐明利益相关者的身份或者资格,通常使用“利益”“需求”“风险”“机会”和“道德”来进行描述。基于研究目标,本书中的“利益相关者”一词是指在重大工程项目实施过程中,可以对重大工程项目创新活动产生影响,或者受到重大工程项目创新活动影响的组织或个人。

Mitchell 等(1997)指出,利益相关者的显著性和功能角色不是静态的,而是随着项目规划和交付动态变化的,可以以此来应对不断变化的项目任务和环境(Aaltonen 等, 2015)。现有研究已探究了利益相关者在建设项目不同问题中的动态变化。例如,Mulholland 等(2020)基于核设施退役的一个重大工程项目案例研究发现,关键主体的利益关注点和对社会价值的影响随着时间的推移而变化。这种情况也可能适用于重大工程项目创新,在这个过程中,某一利益相关者拥有相同的属性并始终扮演相同的角色是不太现实的。然而,很少有研究关注重大工程创新中利益相关者的显著性和功能角色的动态变化。识别这种动态变化将有助于实践者理解如何管理不同利益相关者之间的合作,也可以帮助项目管理人员了解在某个协同创新活动中谁是主导者,并将相关的领导角色分配给主导者。

2.3.5　相关理论与研究问题的关联性

重大工程多主体协同创新研究作为重大工程项目组织研究的重要领域,可以为重大工程项目管理提供重要的理论和实践参考。在本书中,项目复杂性与复杂适应系统作为当前组织理论与复杂性理论的重要研究成果,一方面能提供研究视角上的一些理论指导，另一方面为本书参考的其他理论应用与理论贡献带来有价值的补充，起到理论间的互相融合与共同促进的作用。

资源依赖理论和交易成本理论有助于探索多主体协同创新的动机。本书从多主体参与的协同创新出发，分析多主体间对资源依赖的需求、减少交易成本目标等因素对协同创新的驱动作用，并利用重大工程实证数据，进一步分析、提炼出重大工程多主体协同创新的动机识别模型。

复杂性理论、资源依赖理论和交易成本理论是研究多主体协同创新形成的重要理论参考，基于识别出来的动机构建重大工程多主体协同创新的组态模型，可以系统探索在不同动机组合共同作用下，多主体协同创新的形成机理。

利益相关者理论以及复杂适应系统理论为多主体协同创新动态演化的研究奠定了理论基础。基于理论基础，先构建了包含"影响因素-主体行为-系统动态演化"的重大工程多主体协同创新动态演化的研究框架；随后利用重大工程实践数据开展分析，并与相关研究对比，系统归纳与演绎了多主体协同创新动态演化过程中的影响因素、多主体功能角色和显著性的动态变化以及多主体协同创新系统的演化阶段，最后提炼出重大工程多主体协同创新动态演化模型。

复杂性与复杂适应系统以及资源依赖理论为研究多主体协同创新绩效提升策略奠定了理论基础。多主体协同创新绩效受到知识、战略以及组织协同的影响，彼此间对资源互相依赖（如知识、技术），且因素间也存在着动态交互作用。因此，应用复杂性与复杂适应系统理论、资源依赖理论分析协同创新绩效提升策略是可行的。

2.4　研究述评

本章针对重大工程创新、协同创新等研究及理论基础展开了回顾与总结，旨在找出已有研究中有待完善的问题与内容，为接下来的研究提供理论基础。

针对重大工程创新，已有研究对重大工程项目创新内涵作出了界定，并指出：①不仅限于产品创新、流程创新或技术创新，还包括管理创新；②创新的目的是解决建设难题、提升效能和创造价值；③创新不仅是创造，还包括提升；④创新存在于不同层面，如企业层面和项目层面。同时，已有研究也明确阐述了重大工程项目创新的典型特征：不一样的创新驱动力，受到铁三角以及安全等各种条件的约束，临时组织的动态性和特殊性。针对重大工程中的创新类型，如集成创新、社会创新、社会责任创新、协同创新等不同类型也进行了探索性分析，但是目前研究的相关成果主要源于西方社会情境。针对中国“政府-市场”二元场景下的重大工程创新研究，不能照搬国外的研究理论和成果，如何将中国情境的典型特点、标杆实践和影响整合到研究系统中，成为研究重大工程创新管理需要考虑的问题。

针对协同创新，基于文献检索发现，现有研究更多聚焦于宏观视角（国家或地区）、中观视角（行业）以及微观视角（企业）协同创新，项目层面的协同创新研究内容相比较宏观、中观以及微观层面要少得多，且主要聚焦于一般基础设施项目。在研究方法方面，已有研究多偏重数理计算，无法对重大工程协同创新呈现的长周期、非线性、动态性、复杂性以及情景依赖性等特点进行深入分析。

具体而言，在多主体参与协同创新动机方面，国内外学者围绕一般基础设施项目情境，分析了多主体参与协同创新的动机，有效地指导了实践。尽管基于一般基础设施项目的分析在某种程度上可以反映重大工程项目多主体协同创新的动机因素，但是针对具有广泛经济、社会和环境影响的重大工程多主体协同创新的动机因素是明显不足的，理论研究成果落后且不能满足我国典型情境下重大工程项目的实践。因此，需要结合我国重大工程周期长、复杂性高等典型情境特征，进行针对性的研究，以提高理论的适用性。此外，动机之间的相对重要性也很少受到关注（Gunduz 和 Abdi，2020）。在实践中，并非所有动机因素是同等重要的，因此有必要对它们排序，特别是确定最重要的动机因素以给予足够的关注。

在协同创新形成方面，以往的文献大多采用对称方法，如回归分析或结构方程建模方法分析不同动机因素对协同创新形成的作用效果。虽然现有基于对称方法的研究可以研究每个动机因素对多主体协同创新形成的“净作用”效果，但是其不仅没有提供有关模型因变量和自变量之间相互作用的信息，而且也忽略了几个相关变量的“组合效应”。此外，回归分析或结构方程建模方法依赖于对称方法，并消除了变量之间可能存在的不对称关系（Havenvid 等，2016）；当模型中包含的变量发生变化时，其影响也可能发生变化。同时，实践中多主体协同创新的形成通常不是某一个动机因素就可以完全驱动的，多重动机因素并发可能会对协同创新的形成产生影响。因此，需要从整体和不对称的角度，利用组态视角下的方法来探索多主体协同创新的形成。

在协同创新的演化方面，现有文献通过社会网络或博弈等数值方法对一般基础设施项目情境下多主体动态变化以及协同创新系统的演化进行了分析，然而其研究过程中更多是聚焦在静态数据上。重大工程由于周期长、复杂性高、主体多样性和动态性等特点，基于静态分析难以反映其动态性与复杂性。同时，重大工程情境下协同创新动态演化与一般基础设施项目的协同创新，不管是在影响因素、主体类型或是多主体的行为，还是在长周期内演化阶段与特征等方面，都存在着一些区别与不同。因此，需要从纵向维度深入地剖析多主体协同创新"为什么"以及"怎么样"动态演化的内在机理，为重大工程项目管理人员采取针对性的引导策略，促进协同创新的发展与演化提供可供参考的意见。

在协同创新绩效分析方面，已有研究对协同创新绩效影响因素与绩效之间的探索主要停留在静态层次，缺少对协同创新绩效影响因素间的循环耦合效应和非线性涌现效应分析；同时，以往的研究更多集中在某几个因素对绩效的影响分析，采用诸如多元回归、结构方程模型及数据包络分析方法等探索单个或多个影响因素与结果之间的关系，忽略了变量之间的相互作用关系，无法反映各影响因素对协同创新绩效的反复、非线性和动态影响过程。对于重大工程这类特殊的项目，李永奎(2017)指出，其组织治理不能假设成"无阻力真空"或者是"白纸上作画"，具体分析过程中需要综合考虑重大工程情境的延续性和路径依赖性等。因此，需要从系统、动态角度分析协同创新绩效各影响因素子系统间的因果关系链条和循环耦合效应，探索协同创新绩效的非线性涌现效应形成规律，为协同创新绩效提升提供有效的管理策略。

2.5 本章小结

目前对重大工程情境下多主体协同创新研究还未处于探索阶段，呈现碎片化等特点，缺乏基于我国情境下面向多层次(多元动机)、多阶段(形成、演化)，以及多角度(绩效影响因素、绩效提升)的分析，无法体现重大工程协同创新呈现的长周期、动态性、复杂性和情景依赖性等特点。鉴于此，在本章文献综述的基础上，第4～7章针对具体研究问题(动机识别、形成机理、动态演化与绩效提升策略)，结合经典项目管理理论、重大工程管理相关理论、协同创新相关理论、复杂性科学以及资源依赖理论等多种理论观点，整合跨学科研究方法，立足于我国重大工程实践情境，展开系统研究。总体而言，研究一方面可以完善重大工程情境下多主体协同创新的动机、形成、演化和绩效提升策略等理论研究内容，另一方面也可为重大工程实践提供理论参考。

第3章

研究设计

本章主要对研究总体设计进行详细的阐述。首先，陈述了研究问题的甄选过程；其次，对质性研究方法进行了具体分析；然后，分析了实证研究中用到的调查问卷设计以及数据收集过程；最后，介绍了研究中使用的数据分析方法、原因以及分析过程。

3.1 总体设计

基于第1章对研究问题以及具体研究逻辑的设计，本书对多主体协同创新动机识别和形成机理的分析主要采用实证与质性研究相结合的研究策略，对多主体协同创新动态演化的分析主要使用质性研究的研究策略，对多主体协同创新绩效提升策略则主要采用SD的仿真模拟方法。在质性研究中，通过公开渠道检索二手数据以及通过调研、访谈获取一手数据；在动机识别、形成机理的实证分析中，主要通过调查问卷获取一手数据；在动态演化分析中，主要是通过案例资料及访谈数据来分析、归纳规律；在绩效提升策略研究中，主要为构建一个符合逻辑的SD模型。因此，问卷设计、调研以及其他数据收集方式的过程合理与否，获取的数据能否达到研究设计的要求，直接影响研究结果及研究质量。

因此，基于前文提出的研究逻辑框架和研究思路框架，本章将对研究设计开展详细的阐述，如图3.1所示。

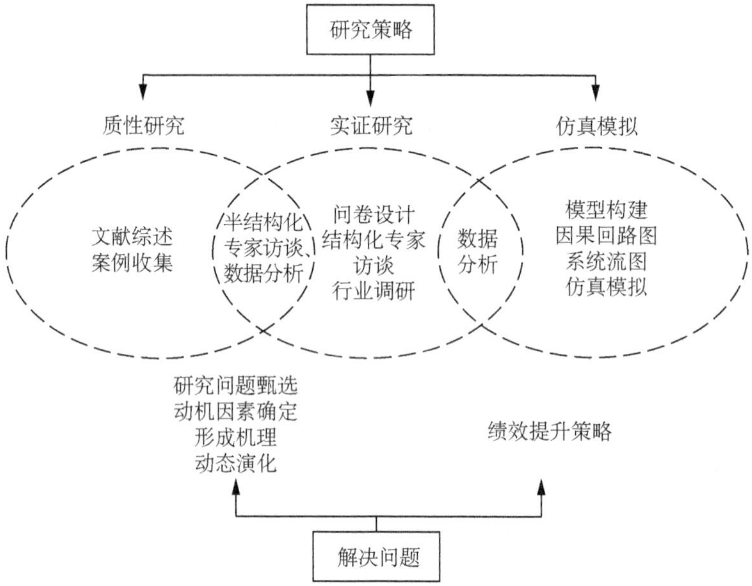

图 3.1 研究设计[参考万静远(2020)]

3.2 研究问题甄选

本书先根据行业背景和理论研究现状,初步提出探索性的研究问题;然后针对具有丰富的重大工程项目实践经验的专家学者,开展了半结构化访谈以不断优化研究问题,以求研究问题可以充分反映重大工程组织管理实践情况,能够为重大工程项目理论和实践提供一定的参考。

3.2.1 专家访谈

鉴于重大工程多主体协同创新研究的情境化属性,本书基于半结构化专家访谈的方式来进一步优化适用于重大工程情境下的多主体协同创新的核心研究问题。研究者以重大工程组织管理和协同创新相关文献为基础,初步提炼出研究问题以及研究思路,并撰写了访谈提纲(详见附录 A)。在研究过程中先后组织了 2 次半结构访谈。第 1 次访谈邀请了 3 名重大工程实践人员、1 名政府官员和 2 名重大工程项目管理学者参与。被访者具有丰富的理论研究以及实践经验,针对研究问题以及思路提出了以下一些优化建议。

重大工程具有不同的类别，如高铁、高速公路、长大桥梁、展览以及重大赛事，本书是否适用于所有类型的重大工程？

多主体协同创新的治理与管理是分别针对企业与项目的，建议研究中从项目管理方面进行分析。

参考已有研究及收集的案例及数据，本书将研究对象进一步确定为对经济、社会和环境产生较大影响的大型基础设施项目。随后，为了继续优化研究问题及研究框架，开展了第2轮半结构化访谈，受访者包括8名来自重大工程项目的实践人员和2名重大工程项目管理研究人员，其详细的背景信息如表3.1所示。半结构化访谈针对以下两方面内容开展。

(1) 请专家根据近几年参与的重大工程，列举项目中创新的协同行为事件，或者根据近几年的研究前沿追踪，对本书中相关概念界定、研究对象以及研究范围提出优化建议。

(2) 请专家根据访谈提纲中的问题详细阐述自己的观点，并针对问题设计是否恰当提出修改建议。访谈提纲中的问题主要包括：多主体参与协同创新的动机是什么？多主体协同创新这一行为的形成可以由哪些动机因素的组态路径实现？多主体协同创新在项目全生命周期的不同阶段是否会变化，以及如何变化？实践中，有哪些因素会影响多主体协同创新绩效，又采取了哪些措施来管理？

3.2.2 访谈整理

经过整理，本书共收集了80多个与协同创新的相关事例。在研究问题甄选与设计方面，专家们指出：重大工程中的创新是需求驱动的，其很难由单一主体完成，多主体协同创新是必由之路，因此该研究主题具有理论和实践价值。重大工程不同于一般工程项目，参建主体呈现多元性及动态演化特点，在日常的项目管理中，很少有协同创新管理的文档记录。因此，对协同创新现象的解释和规律研究是需要结合重大工程实践案例的，通过观察、访谈和查阅资料等方式并系统分析后方能探索出有价值的研究发现与结论。

对于多主体协同创新动机因素，专家建议：该研究需要同时从实践中的项目、企业层面来选取，可以帮助更好地解释重大工程情境下的多主体协同创新。

根据Winch(2014)的观点分析可知，重大工程项目是一个临时性的组织，由多个永久性的组织（如设计单位、咨询单位）基于项目目标在某个时间段内组建，该类

表 3.1　专家背景信息

受访者序号	性别	工作单位	职务	最高学历/学位	工作年限	重大工程工作年限	参与重大工程
01	男	港珠澳大桥管理局	计划合同部部长	硕士	10～20	10～20	港珠澳大桥等
02	男	中交港珠澳大桥岛隧工程项目总经理部	合约主管	硕士	5～10	5～10	港珠澳大桥等
03	男	同济大学	教授	博士	>20	>20	西岸传媒港、浦东机场二期工程等
04	男	世博会工程建设指挥部	项目经理	博士	>20	>20	世博会园区建设等
05	男	同济大学	教授	博士	>20	>20	世博会园区建设、迪士尼项目等
06	男	同济大学	教授	博士	10～20	10～20	浦东机场二期工程、雄安新区建设项目等
07	男	广州南华工程管理有限公司	项目监理	博士	10～20	10～20	港珠澳大桥等
08	男	上海科瑞真诚建设项目管理有限公司	项目经理	博士	10～20	10～20	济南高新技术开发区群体项目管理、深圳前海新中心综合开发等
09	男	中国建设第二工程局有限公司	安全部经理	硕士	10～20	5～10	大兴机场建设项目等
10	男	前海控股	项目经理	硕士	10～20	5～10	深圳前海新中心综合开发等
11	男	中国建设第八工程局有限公司	工程师	本科	5～10	5～10	潍日高速项目等

续 表

受访者序号	性别	工作单位	职务	最高学历/学位	工作年限	重大工程工作年限	参与重大工程
12	女	中国建设基础设施有限公司	项目经理助理	博士	5～10	5～10	大兴机场建设项目等
13	男	同济大学	教授	博士	10～20	10～20	雄安新区建设项目等
14	男	南京大学	助理教授	博士	5～10	5～10	港珠澳大桥等
15	女	中交集团	高级工程师	硕士	10～20	10～20	大兴机场建设项目等
16	男	上海建工(集团)总公司	项目经理	硕士	10～20	10～20	眉山市交通及社会事业建设PPP项目

以项目为主导的临时性组织具有典型的特点，因此需要将项目和企业两方面结合起来分析，形成更具有针对性的研究结果。

对于多主体协同创新的形成机理与动态演化特征，专家们指出，在分析过程中，需要结合实践数据资料做深入的探索，研究发现需要与实践情况紧密结合。实践中，不同类型的创新活动需要不同参建主体参与，其需要的创新资源以及所开展的创新活动过程也不是完全相同的，通过分析不同类型的创新活动所需要的协同创新路径能够为实践提供有价值的理论参考。同时，不同于一般项目，重大工程呈现出系统的典型特征，多主体协同创新是随着创新活动的推进而不断变化的，呈现出典型的共生竞合和动态演化特点。在重大工程中，由于技术创新要求高、新兴技术不断涌现，多参建主体基于自身学科技术优势，通过共享资源、合作努力，来解决项目中遇到的难题，实现技术突破、成果转化以及知识积累等。

对于多主体协同创新绩效管理，专家们指出，多主体协同创新绩效受到多种因素的共同影响，在分析中，若要重点关注对绩效影响较大的因素，则需要突破以往的正负相关性分析，采用比较系统的分析方法进行探究。

基于对专家意见的归纳整理，本书对初步确定的研究问题作出了针对性的修改和优化，并将其细化为研究内容，如表 3.2 所示。

表 3.2　优化的研究问题与内容

研究问题	研究内容	章节安排
重大工程多参建主体参与协同创新的主要动机有哪些	多主体协同创新动机识别	第 4 章
重大工程多主体协同创新的形成可以由哪些动机因素的组态路径实现	多主体协同创新形成机理	第 5 章
重大工程多主体协同创新是如何动态变化的	多主体协同创新动态演化	第 6 章
如何提升重大工程情境下多主体协同创新绩效	多主体协同创新绩效提升策略	第 7 章

3.3　质性研究

3.3.1　方法选择

基于第 2 章中关于重大工程创新和多主体协同创新的研究综述可知，重大工程创新与协同研究领域已形成了一些有意义的研究成果。相关学者在不同情境下对多主体协同创新开展研究时,通常将协同创新的概念与特殊情境结合起来,进行情景化的研究与分析。因此,现有的研究在重点强调具体情境特点的同时,也展示出某种程度上的继承性和可持续性,为后续研究提供了重要的基础和参考。在基于情境分析过程中,研究者往往使用的是归纳法与演绎法互相结合的方式(陈晓萍等, 2012),以不断深化研究发现。

演绎法主要为从抽象理论拓展到具体事实的过程(陈晓萍等, 2012)。演绎法是从一般拓展到具体,从解释拓展为事实,在某种程度上其结论是可以从前提推衍出来。在研究过程中,通过梳理已有的文献,基于演绎法的思路,对重大工程多主体协同创新的具体表现形式进行清晰地辨别。由此可知,演绎法是一种“自上而下”的研究方法。

归纳法与演绎法在思路方面其实是相逆的。归纳法主要为从具体事实提炼出抽象理论,从数据和证据中抽象出结论的过程,再通过已有的事实来支持结论,用归纳到的结论来解释事实,其是一类比较典型的“自下而上”研究模式(陈晓萍等, 2012)。在基于归纳法的多主体协同创新研究中,耕耘于重大工程情境,在不背离现有文献成果的前提下,利用具体案例来构建新的协同创新系统演化。在归纳法研究中,需要通过不同的方法收集关于协同创新现象的案例资料,广泛地搜集与协同创新相关的描述事例,然后,基于已有研究成果,不断筛选、凝练和聚类,得到重大工程情境下协同创新的动机因素、形成机理、动态演化和绩效提升策略。

通过上述分析可以发现,本书将演绎法与归纳法相结合的情景化分析用于不同研究内容中,一方面通过文献综述得到相关理论并将用于分析客观事实,另一方面,通过案例分析来提炼重大工程情境下的协同创新研究,从而不断深化本书的理论价值。

作为典型研究方法的案例研究法是社会科学,包括管理学研究中经常采用的重要方法,也由此产生了非常多的理论研究成果。案例研究法的具体定义也没有统一的标准,Platt(1992)指出,案例研究是一种综合考虑研究问题与研究情境匹配性的研究设计逻辑。Yin(2003)指出,案例研究法比较适用于研究“为什么”以及“怎么样”的问题,研究人员很难对研究对象实施控制,且该方法的研究重点为实践中的具体实际问题。通常,案例研究会遵守理论抽样的原则,即满足研究对象具有足够的典型性即可,因此同一研究中的案例数量很少会超过 10 个,根据案例数量划分,可以分为单案例研究和多案例研究 2 种。在管理学研究领域,案例研究法可用来探究少数甚至孤立的典型案例,如曾赛星等(2019)利用港珠澳大桥专利数据来分析创新生态系统的演化以及提出创新力提升的策略；案例也可以是多个的案例对比。

一般来说，案例研究通常用于比较前沿或者新兴的研究理论，通过分析某个或某几个典型案例的数据资料可快速追踪前沿的管理现象，从而归纳理论用来指导管理实践，这些是定量研究无法比拟的。案例研究因为可以基于单个案例来归纳、指明管理理论发展趋势，所以可以弥补演绎研究方法在理论构建方面的不足。同时，案例研究法在对研究对象的系统考量以及深入探究方面的优势是定量研究法无法匹敌的，因此，在本书中选取港珠澳大桥这一代表性的典型案例来研究多主体协同创新的动态演化，同时案例研究法和定量研究法在本书中的应用可以达到相互促进、取长补短的效果。

3.3.2 研究过程

基于以上分析，本书综合应用归纳法和演绎法二者相结合的探索性研究方法，研究过程详见图 3.2①。首先，基于多主体协同创新相关研究理论，结合重大工程这一情境特征开展演绎分析，提炼出重大工程情境下多主体协同创新的内涵、特征和相关研究(如动态演化)假设。随后，根据多主体协同创新已有的内涵释义和研究维度，对重大工程实践活动过程进行观测，按照典型性、代表性等要求收集重大工程项目中满足多主体协同创新定义的具体实践事例。同时，在观测、整理数据之后，采用归纳法和实证研究分析方法，对收集的案例按照研究问题进行聚类分析，确定实践中多主体协同创新的动机因素、形成机理支撑案例和动态演化过程等；并

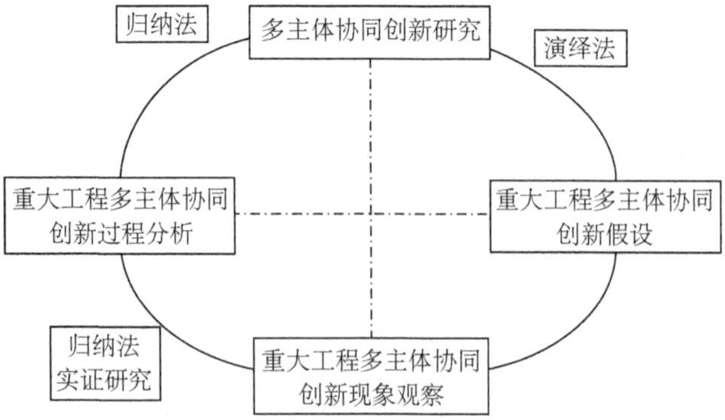

图 3.2 重大工程多主体协同创新研究过程

---

① 本书中质性研究过程涉及的内容比较广泛，因此，本节为概括性介绍，具体的研究过程详见第 4～7 章。

将基于聚类分析的发现与已有文献中的相关研究进行对比，从而不断完善优化多主体协同创新的研究内容与研究过程。最后，将重大工程情境下多主体协同创新的研究发现演绎到多主体协同创新的研究中去。在研究过程中，采用专家访谈以及二手资料的实证研究方法，对多主体协同创新研究结果进行可靠性验证，从而保证研究结果符合重大工程情境。

在本书中，理论—假设—观察—分析提炼是交叉进行的，因此，演绎法和归纳法在程序上并没有严格地被划分成前后两个互相独立的过程，而是彼此交织和互相运用。在分析中，基于已有研究分析现象，通过观测到的现象来提炼理论并查询相应的文献资料，通过此过程可以保证研究发现的有效性与可信度。

3.4 实证研究

3.4.1 问卷设计与变量测量

根据本书的研究方法以及过程设计，多主体协同创新动机识别、多主体协同创新形成机理部分的实证研究主要采取调查问卷。为了客观反映重大工程情境下多主体协同创新的现状，参考万静远（2020）以及杨德磊（2016）的研究，先后在2020年6—7月和2021年7—10月期间基于以下4个阶段，针对不同研究问题形成不同的调查问卷，问卷设计思路如图3.3所示。

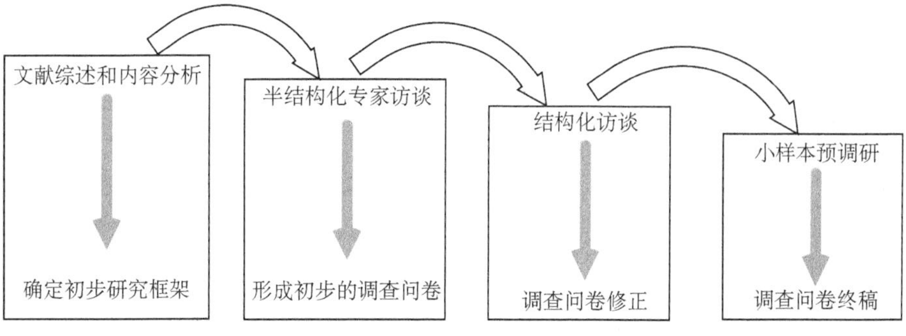

图3.3 问卷设计思路

在第一阶段，通过文献综述理论内容分析提出多主体协同创新动机识别与形成机理的初步研究框架，具体包括研究问题以及研究中所涉及的变量，在此基础上形成半结构化访谈提纲。

在第二阶段，基于研究问题（动机识别、形成机理）分别联系表 3.1 所列出的专家分别开展半结构化访谈，部分专家接受了访谈邀请。研究者首先陈述了研究变量的选择思路，然后征询专家对变量的看法，并针对具体的访谈问卷要求专家分别作答或者提供意见，在与专家详细讨论后确定研究问题以及具体的变量，初步形成研究的调查问卷。

在第三阶段，参考陈晓萍等（2012）的具体做法，将初步形成的针对具体研究问题的调查问卷分别发送给参与第二阶段半结构化访谈的专家，邀请专家开展结构化访谈，针对问卷中的每个题项作出是否合理且可以保留的评价，其中“1”代表“同意”，“0”代表“不同意”，如果选择剔除需要陈述具体的理由。在收集完所有的访谈结果后，根据专家意见对问卷的题项进行修订以及优化。

在第四阶段，将优化后的调查问卷分别发送给表 3.1 所列的 16 名专家，并邀请多名业界人士，开展调查问卷的小样本测试。具体的预调研结果请详见第 4 章与第 5 章。

3.4.2 问卷可靠性分析

问卷设计的可靠性主要从合理性和科学性两方面进行评判。本书中所使用的调查问卷问题的表达方式，均是在借鉴相关文献资料的问题表述基础上，通过第二阶段和第三阶段的访谈，反复征询专家意见后，有针对性地作出修改与优化，从而保证调查问卷中问题表述满足具有针对性、明确性、客观性以及清晰明了的要求。在设计中，为避免调查问卷隐含对填写人员有诱导性的可能性，导致填写人员的答案可能存在的一致性动机问题，问卷中没有阐述研究内容以及研究逻辑，从而有效避免上述可能性的发生。

3.4.3 数据收集

为分析重大工程多主体协同创新动机因素以及形成机理，研究者在 2020—2021 年期间，先后多次发放调查问卷收集数据。参考 Carmeli 等（2011）研究观点，在分析团队或组织等层次的组织行为时，可以使用团队或组织内成员的平均行为代表团队或组织层面的行为。因此，根据本书第 1 章对研究内容及对象的界定，被访者为重大工程项目的参建主体，包括但不限于业主单位、施工单位、咨询单位、设计方以及供应商的管理人员。同时，考虑到所能联系的受访者数量有限，因此在问卷发放时采用了目的性抽样和滚雪球抽样 2 种非概率性抽样相结合的方法，该方法一方面可以利用所熟悉专家的推荐来获取更多重大工程项目参建人员的观点，另一方面也能保证数据的质量。在实际操作中，首先联系了表3.1所列出的16名专家填写调查问卷，并询问其是否可以将问卷发放给曾经共同参与过某个重大工程项目或者熟悉的业界人士。16名专家填写的问卷涉及的重大工程项目包括：西岸传媒港、雄安新区建设、港珠澳大桥、深圳前海综合开发、大兴机场建设，涉及的单位包括：港珠澳大桥管理局、中交港珠澳大桥岛隧工程项目经理部、同济大学、上海科瑞真诚建设项目管理有限公司等。随后，在专家的推荐下，研究者联系了更多的潜在受访者，基于微信和问卷星平台发放了问卷，由于不同的研究内容中使用的问题及问卷格式也不完全一致，因此针对不同的研究问题分别设计了不同的调查问卷，在发放过程中也未将其汇总到一份问卷中，具体的问卷数量及有效率详见第4章和第5章。

3.5 数据分析方法

3.5.1 因子分析法

在应用统计学领域，因子分析(Factor Analysis, FA)是经常用到的研究方法。因子分析法是一种可以客观赋权重并能将指标降维的方法，能够帮助解决客观分析方法中存在的某些局限性。因子分析可以在保证最少信息量丢失的前提下，通过数据间的客观量化关系，将已有的大量指标降维成为数不多的公因子，并且某公因子所包含的指标在某个方面具有相似性。因子分析的主要思想为减少模型中所包含的指标数量，从而减少研究的工作量；同时因子分析能够降低大量指标之间的多重共线性，提高回归方程的参数估计准确度，使得研究结果更具有可信度。

在本书中，初步识别的多主体协同创新动机因素较多，因此，通过探索性因子分析(Exploratory Factor Analysis, EFA)探索动机因素间的潜在结构(Liu等，2018)。EFA可以简化大量的相关矩阵，并提取少量可以揭示大多数观察变量的主成分维度。EFA作为因子分析的一个子方法，可以在保证最少信息量丢失的前提下，通过数据间的客观量化关系，将已有的大量指标降维成为数不多的公因子，并且某公因子所包含的指标在某个方面具有相似性。EFA不仅可以减少模型中所包含的指标数量，从而减少研究的工作量，同时能够降低大量指标之间的多重共线性，提高回归方程的参数估计准确度，使得研究结果更具有可信度。因此，第 4 章的研究通过 EFA 探索公因子并分别给其命名，以方便后续章节的分析。

3.5.2 模糊集定性比较分析法

定性比较分析法（Qualitative Comparative Analysis，QCA）是一种创新方法，尤其适用于具有多个前因条件和结果的情况（Drăgan 等，2020；Woodside，2013；Xie 等，2016）。QCA 有助于发现前因条件如何导致特定结果，并解释前因条件组合是促进相同结果（Pappas 等，2016；Ragin，2000）。通常，传统的对称方法（如回归分析、结构方程模型）估计每个假设的自变量是否对因变量有显著影响，而忽略了与多个变量发生多重共线性的问题（Woodside，2013）。此外，实践也表明，任何有见地的条件组合都与结果条件存在不对称关系，而不是在将涉及 2 个或多个自变量的方程中的其他自变量所产生影响分离出来后的对称关系（Woodside，2013）。作为一种创新方法，QCA 超越了回归分析和结构方程模型等方法，旨在表示“不对称关系”而不是“对称关系”。

由于与复杂性理论应用相关的工作主体和严格工具的要求，模糊集定性比较分析法（Fuzzy-set Qualitative Comparative Analysis，fsQCA）在管理学科中的应用不断增加（Woodside，2014）。fsQCA 结合了定性和定量分析，非常适合分析前因条件组合对结果的影响（Ragin，2000）。fsQCA 还建立在等终结性和间断均衡的组态思维上，而不是在情境等终结性背景和准平稳平衡中（例如，权变理论）（Meyer 等，1993）。

在重大工程情境下，多主体协同创新的形成是一个复杂的过程，受到多个前因条件交互作用，fsQCA 提供了一种将复杂且相互依赖的因果关系管理成连贯关系的实用方法。本书采用 fsQCA 进行多主体协同创新研究的主要原因，是因为它允许前因条件和结果是可以用模糊尺度（连续）而不是二分尺度来衡量（Mikalef 和 Pateli，2017）。同时，QCA 适用范围广泛，既可以应用于 10 个案例左右的小样本，也可以应用于 15～50 个案例的中样本，又可以应用于 100 个以上案例的大样本（Ragin，2008），这对于重大工程情境下能够获取的有效数据有限是非常有利的。基于研究情境和研究数据的限制，本书选取 fsQCA。模糊集定性比较分析法（fsQCA）的主要过程如表 3.3 所列。fsQCA 30 软件为本书分析工具。

表 3.3 fsQCA 分析过程

步骤序号	分析步骤	详细说明	需要关注的重点问题
步骤一	前因条件的选择和组态模型的构建	根据文献资料和观测的事例来选择合适的前因条件回答研究问题，并根据组态分析方法，构建研究模型	· 如何从众多可能的条件中选择合适的前因？ · 不同的前因条件是如何相互作用并且和结果结合起来的
步骤二	案例的选择	甄选可以回答研究问题的典型代表性案例，收集案例相关数据	· 样本量的合适数量是多少？ · 是否同时存在正面结果也存在负面结果的案例？ · 案例间是否存在足够的异质性
步骤三	变量校准	对收集的原始数据进行校准，从而将变量转为集合，确定案例的集合隶属度	· 根据数据的不同类型，使用哪种类型的校准方式更合适？ · 校准的依据（如理论知识和实践知识）分别有哪些
步骤四	必要性分析	使用不同的软件开展必要性分析，确定前因条件中是否存在结果的必要条件	· 是否存在某个前因条件为必要条件？ · 如果存在必要条件，则其实践意义和理论意义分别是什么
步骤五	组态分析	确定条件组合，完善真值表，开展标准性分析，得到 QCA 的解	· 最小频数、一致性阈值和不一致性的比例减少（Proportional Reduction in Inconsistency, PRI）值分别设定为多少？ · 如存在反事实分析，则其是如何得到的？ · 如何解释组态结果
步骤六	稳健性分析	检验结果的稳健性，观测子集关系、一致性以及覆盖率的可能变化	· 稳健性分析方法的选择？ · 通过不同的稳健性分析方法得到的结果，是否会发生实质性的变化

注：参考杜运周和贾良定(2017)，以及 Ragin(2008)的文献。

步骤一中的前因条件以及研究模型的确定，可通过整合归纳法和演绎法，一方面，根据已有理论研究和经验知识归纳得到重要的前因条件；另一方面，可以依据现有的理论框架寻找符合组态性质的前因条件组合。

步骤二中的案例选择，由于 QCA 适用范围广泛，既可以应用于 10 个案例左右的小样本，也可以应用于 15～50 个案例的中样本，又可以应用于 100 个以上案例的大样本(Ragin，2008)。案例数的选择与前因条件的个数有关，但是案例数越多则意味着对每个案例的解读是不够深入的，因此案例数的选择需要根据实际情况作出合理的判断。

步骤三中的校准旨在将不同量级的数值转化成 0～1 区间范围内的数值，通常，“0”代表“完全不隶属”，“1”代表“完全隶属”。在校准过程中需要注意校准点的选择，一般是根据理论和数据分布情况给出合理的理由；同时，校准后的 0～1 展示的为单个集合的隶属度，并不是两个相对立的集合。

步骤四中的必要性分析旨在找出结果的必要条件，如果每个案例在前因条件中的隶属度都远远比其在结果中的隶属度要大，则该结果案例的集合被视为该前因条件案例集合的一个模糊子集，也就是说该条件是该结果的一个必要条件。某个前因条件对结果的必要性分析基于两个参考指标：一致性（consistency）以及覆盖度（coverage）。

一致性表明结果的模糊集合隶属于前因条件模糊集合的程度，即该条件与结果的一致性必要程度，其计算公式为

$$\text{Consistency}(Y_i \leqslant X_i) = \sum(\min(X_i,\ Y_i)) \Big/ \sum(Y_i) \tag{3.1}$$

覆盖度表明该必要条件反映现有案例的程度大小，其计算公式为

$$\text{Coverage}(X_i \leqslant Y_i) = \sum(\min(X_i,\ Y_i)) \Big/ \sum(X_i) \tag{3.2}$$

步骤五的组态分析通过确定最小频数、一致性阈值和 PRI 值，筛选出符合标准的组态。

步骤六的稳健性分析可以保证结果的有效性。

3.5.3 系统动力学

针对组织行为效能（如协同创新绩效）的实证研究，已有研究通常使用静态分析方法，如回归分析或结构方程模型，然而这些方法忽略了不同因素间的相互作用关系以及动态发展性。多主体协同创新作为一个复杂、动态过程，随着时间的不断变化，呈现出系统的典型特点。同时，多主体协同创新绩效的影响因素之间相互嵌套、相互影响，通过多主体协同创新绩效的关键因素进一步作用于绩效。

系统动力学（System Dynamics，SD）由于在处理上述类似复杂系统问题时表现出许多优势，因此被研究学者广泛应用（王婷等，2021；王宇静和李永奎，2010）。在协同创新领域，基于 SD 研究中也已取得一系列成果，例如姚艳虹和周惠平（2015）基于 SD 方法，建立了产学研协同创新过程中的知识创造 SD 模型，并使用 Vensim 软件开展了模拟仿真，根据研究结构有针对性地提出了促进知识增

值以及提高产学研协同创新效率的建议。

本书采用被广泛利用的系统动力学(SD)进行协同创新绩效提升研究,可以分为5个步骤,分别为系统边界分析、系统结构分析、模型建立与运行、模型验证、政策设计与评估,系统动力学分析过程如图3.4所示。

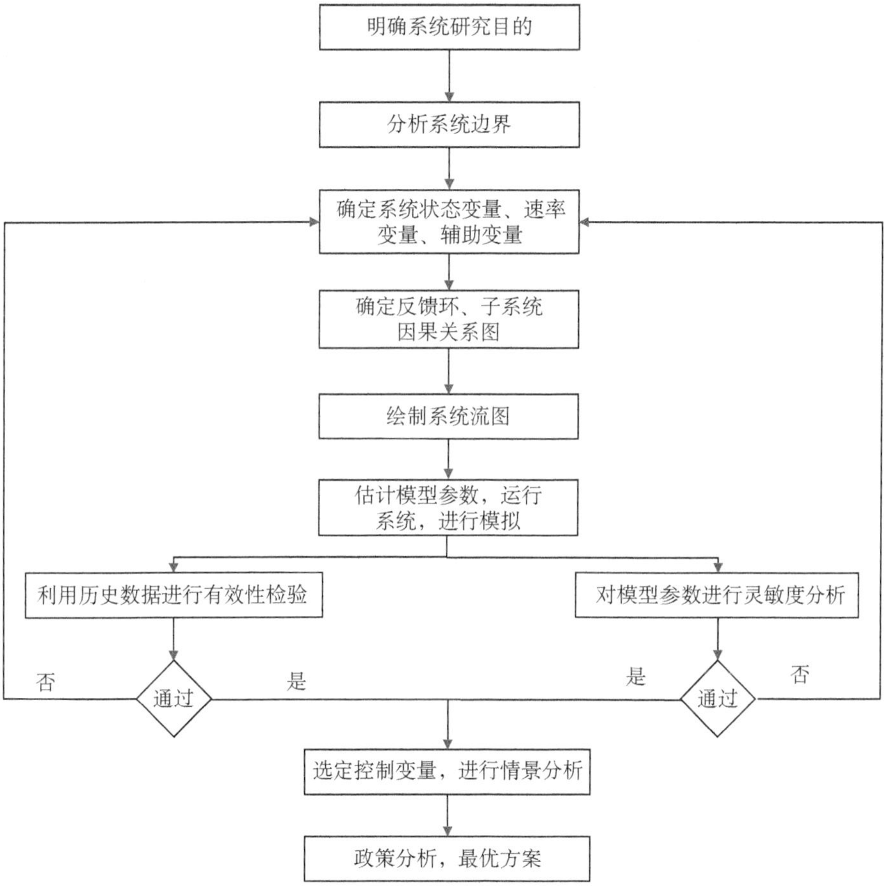

图3.4 系统动力学分析过程

3.6 本章小结

本章从总体设计、研究问题选择、质性研究方法选择与过程设计、实证研究中的问卷设计、数据收集、数据分析方法(如因子分析、fsQCA、SD方法)等方面进行了详细的阐述与分析。在研究问题选择以及变量设定过程中，通过文献综述和专家访谈 2 种方法，将归纳与演绎有机结合，层层递进，以保证研究问题的前沿性与可行性、研究变量的可信度。在质性研究中，基于归纳与演绎法有机结合的方式来提高理论的适用性。在问卷设计中，先后通过文献综述、半结构化专家访谈、结构化访谈和预测试阶段来提升问卷的信度和效度。在数据分析中，基于研究问题针对性地选用最合适的方法，包括因子分析法、fsQCA、SD 方法从静态和动态角度对不同的研究问题进行深入的探讨。

第 4 章

重大工程多主体协同创新动机识别

在竞争日益激烈的现代社会，协同创新已成为提高创新绩效和提升经济产出的新范式。已有研究聚焦于一般基础设施项目情境，分析了多主体参与协同创新的动机，有效地指导了实践。然而，目前很少有关注重大工程情境下多主体参与协同创新的动机研究。基于资源依赖理论和交易成本理论，本章通过分析收集的重大工程问卷调查数据，提炼出重大工程多主体协同创新的动机识别模型。结果发现，重大工程多主体协同创新动机识别模型中包含 6 个主要维度和 18 个动机因素，6 个主要动机维度按照其重要性排序（从高到低）依次为：共同应对项目挑战、提升项目绩效、获取奖励、互相学习、应对竞争和应对外部环境变化。研究结论弥补了重大工程情境下多主体参与协同创新的动机这一研究空白，也为重大工程项目的从业者、决策者或政策制定者采取有效措施激发多主体参与协同创新提供了理论参考。

4.1 多主体协同创新动机概述

重大工程的高复杂性和不确定性、参建主体的多样性使得多主体协同创新成为必然选择。协同创新是一种旨在提升创新绩效和实现可持续发展的创新范式（Rutten 等，2009）。与开放式创新、合作创新等相比，协同创新同时整合了信息、目标、绩效和行动（Wang 和 Hu，2020）。因此，协同创新吸引了各个行业（如 3D 打印行业）研究人员的关注（Rong 等，2018）。然而，针对重大工程领域的协同创新研究相对比较少。

多主体参与的创新在很大程度上依赖于其自身的承诺，他们被一个想法或目标自我激励或被外部要求说服（Cincera 等，2003）。这同样适用于重大工程多主体间协同创新，其需要整合具有不同目标、兴趣、动机和计划的参建主体(Davies 和 Mackenzie, 2014)。实践表明，确定驱动多主体参与协同创新的动机，以及促进和推动协同创新的条件，可以为业界提供有效的管理协同创新策略。在本章中，根据 Ozorhon 和 Oral(2017)，以及 Hojnik 和 Ruzzier(2016)的分析，动机指的是驱动协同创新过程的因素，它可以作为基于动机的因素(例如监管压力、预期收益等)或促进因素(例如技术能力)。

基于文献检索发现，已有研究对重大工程情境下多主体协同创新的动机研究关注是不够的(Chen 等, 2020)。此外，动机之间的相对重要性也很少受到关注(Gunduz 和 Abdi, 2020)。在实践中，并非所有动机因素是同等重要的，因此有必要对它们进行排名，特别是确定最重要的动机因素以给予足够的关注。基于此，本章旨在弥补重大工程项目中多主体协同创新的动机这一研究差距。具体来说，本章主要研究了以下两个问题。

研究问题 1:多主体参与协同创新的动机有哪些?

研究问题 2:多主体参与协同创新的动机之间的相对重要性如何?

本章将通过文献综述和专家访谈方法，确定重大工程多主体协同创新动机因素，随后利用调查问卷收集数据，通过因子分析法提取主成分，并对提取的主成分进行详细的分析。

4.2 潜在动机因素的识别

我们在"Web of Science"和"Scopus"数据库中检索了 2000—2020 年发表在国际期刊上的相关论文(检索关键词为"motivation"或"driver"或"motivational factor"或"antecedent"和"collaborative innovation"或"cooperative innovation"或"inter-organizational innovation"或"co-innovation"，以及"infrastructure project"或"megaproject"或"major project"或"large project"或"construction project")，以初步确定多主体协同创新的动机因素。为确保文献综述的质量，仅选择同行评审的期刊论文和综述论文。经过分析，23 篇被筛选出来，共提取出 39 个动机因素。随后，研究者对 39 个动机因素进行了进一步对比分析，以剔除同义词，这个过程将动机因素从 39 个减少到 18 个。

为确保动机因素识别的合理性和适用性，邀请了 2 名研究重大工程项目创新的教授和 8 名有多年重大工程项目经验的高级管理人员（专家信息如表 3.1 所示）开展了结构化访谈，以便对动机因素进行修订和完善。所有专家均根据他们在重大工程项目管理领域的声誉和成就选出，具体包括 2 名参与过港珠澳大桥建设项目的专家，3 名参与过北京大兴国际机场建设项目的专家，2 名来自深圳前海新中心的专家，1 名来自上海西岸传媒港的专家，2 名同济大学教授。

在半结构访谈过程中，首先向专家介绍了研究目的并将从文献中提取出来的动机因素呈现给专家。随后，专家被要求根据其实践经验对动机因素进行评价（“1”代表“不合适”，“0”代表“合适”）。访谈围绕 3 个主题设计：一是让专家描述他们曾经或者正在参与的某个涉及多主体协同创新的重大工程；二是要求专家对确定的动机因素的适应性及合理性作出评论；三是让专家建议文献中未检索到的动机因素（访谈提纲如附录 A 所示）。通过以上方法，研究者可以有效地将文献中确定的动机因素与专家意见相结合，以确定重大工程项目中多主体协同创新的潜在动机因素。在访谈过程中，研究者记录下了专家提到的内容、建议和要点，并在访谈结束后重新检查、讨论所有要点。如果发现不同专家之间存在意见冲突，作者将进行新一轮的结构化访谈以进一步确认，直到没有新的冲突点和观点出现。根据第一轮访谈结果，专家一致认为 18 个动机因素可以反映重大工程项目中多主体协同创新的实际情况，但针对具体用词作出了校正，比如将“树立良好的企业形象”改为“树立良好的企业形象和声誉”，将“展示企业的创造力”改为“展示企业的能力和创造力”。在第二轮的结构化访谈中，专家没有提出其他修改意见。表 4.1 总结了基于文献综述和专家访谈获取的多主体协同创新潜在动机因素。

表 4.1　多主体协同创新潜在动机因素

动机因素	参考文献	编码
减少风险	Akintoye 和 Main(2007)；Ozorhon(2013a)	C1
减少研发支出	Akintoye 和 Main(2007)；Xue 等(2018)	C2
提高资源效率	Akintoye 和 Main(2007)；Locatelli 等(2021)	C3
减少交易成本	Akintoye 和 Main(2007)；Xue 等(2018)	C4
学习互补/新技术	Locatelli 等(2021)；Nikas 等(2007)	C5
学习互补/新技能	Locatelli 等(2021)；Nikas 等(2007)	C6
学习互补/新知识	Locatelli 等(2021)；Bossink(2004)	C7
树立良好的企业形象和声誉	Nikas 等(2007)；Battistella 和 Nonino(2012)	C8

续 表

动机因素	参考文献	编码
展示企业的能力和创造力	Battistella 和 Nonino(2012)；Akintoye 和 Main(2007)	C9
提升企业的技能并获得竞争优势	Nikas 等(2007)	C10
响应项目相关要求	Akintoye 和 Main(2007)；Bossink(2004)	C11
来自项目的支持	Bossink(2004)；Havenvid 等(2016)	C12
应对项目复杂性和不确定性	Locatelli 等(2021)；Keskin 等(2020)	C13
获得物质奖励	Locatelli 等(2021)；Battistella 和 Nonino(2012)	C14
获得非物质奖励	Füller(2010)；Martínez-Cañas 等(2016)	C15
应对技术变化	Akintoye 和 Main(2007)；Ozorhon(2013a)	C16
应对相关法规或规章	Ozorhon(2013a，2013b)	C17
应对市场变化	Bossink(2004)；Papadonikolaki(2018)	C18

在所有动机因素中，降低研发支出、减少交易成本和减少风险是多主体协同开展创新活动的动机。一方面，创新活动的实施需要大量的研究，这很可能导致成本增加甚至引起成本超支(Davies 等，2014)；另一方面，创新与不确定性有关，因为并非所有的创新都能成功实现(Davies 等，2015)。通过合作，多主体间可以降低或分担成本和风险，从而实现互惠互利。资源效率的提高是激励多主体参与协同创新的另一个动机因素。Xue 等(2010)指出，提升资源使用效率和提高组织运作效率的需求是建设项目多主体协同的 2 个动机因素。学习互补/新技术、知识和技能作为重要的动机因素，促使多主体主动开展协同以实现知识和技术共享(Sun 等，2020)。同时，通过展示自己的能力和创造力，参建主体可以树立良好的企业形象和声誉，在市场上获得更大的竞争力。

所有者作为项目资源的来源方，通过委托业主来帮助其管理，因此，项目中的有关要求和支持促进了多主体间的协同创新。此外，合理的物质和非物质激励措施可以进一步激发多主体参与协同创新过程的兴趣(Martínez-Cañas 等，2016)。相关法律法规和条例迫使多主体在创新过程中采取协同措施。建筑市场(例如装配式建筑)和技术的高度复杂性和不确定性、快速变化使得单个主体或以传统方法开展相关创新工作是比较困难的(Zhang 和 Xue，2014)。

4.3　研究方法与数据收集

4.3.1　探索性因子分析法

本章通过探索性因子分析(Exploratory Factor Analysis，EFA)探索动机因素间的潜在结构。

EFA 可以简化大量的相关矩阵,并提取少量可以揭示大多数观察变量的主成分维度(Liu 等，2018)。EFA 方法作为 FA 的一个子方法,可以在保证最少信息量丢失的前提下,通过数据间的客观量化关系,将已有的大量指标降维成为数不多的公因子,并且某公因子所包含的指标在某个方面具有相似性(吴伟伟等，2022)。EFA 不仅可以减少模型中所包含的指标数量,从而减少研究的工作量;同时 EFA 方法能够降低大量指标之间的多重共线性,提高回归方程的参数估计准确度,使得研究结果更具有可信度。鉴于此,本章研究通过 EFA 探索公因子并分别给其命名,以为后续研究奠定理论基础。

本章采取 EFA 的原因有两个:①本章初步识别的多主体协同创新动机因素较多,为了研究的方便,需要在保证最少信息量丢失的前提下,将初步识别出来的动机降维成为数不多的公因子;②初步识别的且未经过提炼的多主体协同创新动机因素之间存在着某些联系,通过 EFA 分析降低动机维度之间的多重共线性。

4.3.2　数据收集

数据收集主要采取了发放问卷调查的方式,原因为协同创新是多主体参与的过程,通过面对面的访谈来获取如此多的数量是比较困难的。问卷调查是一种获取大量有价值数据的行之有效的方法。

在问卷设计过程中,为了客观反映重大工程情境下多主体协同创新的现状,参考万静远(2020)以及杨德磊(2016)的研究,基于如图 4.1 中所示 4 个阶段,根据本章研究目的和问题形成了多主体协同创新动机因素重要性问卷。

在第一阶段,通过分析文献综述理论内容提出多主体协同创新动机因素的初步研究框架,具体包括研究问题以及研究中所涉及的变量,在此基础上形成访谈提纲。

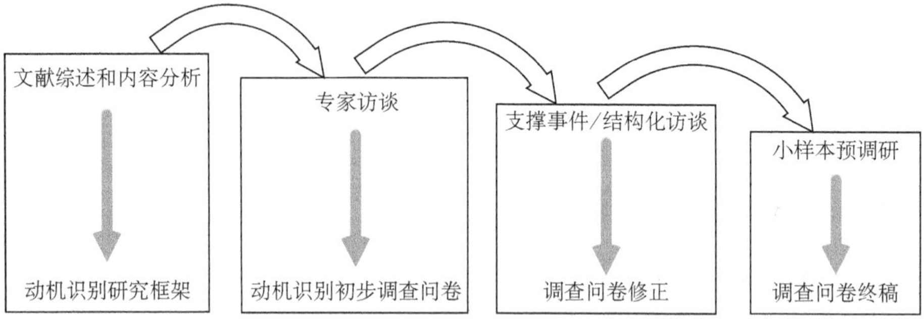

图 4.1 问卷设计思路

在第二阶段，分别联系表 3.1 所列出的专家开展结构化访谈，其中有 8 名专家接受了邀请。研究者首先陈述了研究变量的选择思路，然后征询专家对变量的看法，并要求专家分别对具体的访谈问卷作答或者提供意见，在与专家详细讨论后确定具体的变量，初步形成研究问卷。问卷由 4 部分组成：第一部分为说明，问卷开始阐述了需要具有参与重大工程项目中的实践经验，以保证所有受访者的经历均符合研究目标；第二部分为项目基本信息；第三部分旨在通过李克特五点量表（“1”代表“非常不重要”，“5”代表“非常重要”）调查受访者对动机因素重要性的看法；第四部分包括关于受访者必要信息的问题。为避免受访者先入为主和主观判断，未将动机分类透露给受访者。

在第三阶段，参考陈晓萍等(2012)的具体做法，将初步形成的针对多主体参与协同创新动机因素之间的相对关系和重要性问卷（附录 B 所示）分别发送给参与第二阶段访谈的专家，邀请专家开展访谈，针对问卷中的每个题项作出是否合理且可以保留的评价，其中“1”代表“同意”，“0”代表“不同意”，如果选择剔除需要陈述具体的理由。在收集完所有的访谈结果后，根据专家意见对问卷的题项进行修订以及优化。

在第四阶段，将优化后的调查问卷分别发送给 16 名专家（表 3.1），开展问卷调查的小样本测试。最终，5 名专家接受了邀请并填写了问卷。调查结果表明问卷中的动机因素是合适的，信度和效度均符合标准要求。

参考 Carmeli 等(2011)研究观点，在分析团队或组织等层次的组织行为时，可以使用团队或组织内成员的平均行为代表团队或组织层面的行为。因此，根据本书第一章对研究问题、研究内容及研究对象的界定，被访者为重大工程项目的多主体，包括但不限于业主单位、施工单位、咨询单位、设计单位以及供应商的相关人员。同时，考虑到所能联系的受访者数量有限，因此在问卷发放时采用了目的性抽样和滚雪球抽样 2 种非概率性抽样相结合的方法，该方法一方面可以利用所熟悉专家的推荐来获取更多重大工程项目参建人员的观点，另一方面可以帮助找到难以接触或“隐藏”的人群，尽可能充分保证样本多样性并最大限度地增加合格受访者的数量。

2020 年 6—7 月期间，研究者组织实施了正式调查，问卷通过在线问卷网站(https://www.wjx.cn/)和微信平台发放给重大工程项目的多主体单位。在实际操作中，研究者首先联系了表 3.1 所列出的 16 名专家填写问卷调查，并询问其是否可以将问卷发放给曾经共同参与过某个重大工程项目或者熟悉的业界人士。16 名专家填写的问卷涉及的重大工程项目，包括西岸传媒港、雄安新区建设、港珠澳大桥、深圳前海综合开发、大兴机场建设等，涉及港珠澳大桥管理局、中交港珠澳大桥岛隧工程项目经理部、同济大学、上海科瑞真诚建设项目管理有限公司等。随后，在专家的推荐下，研究者联系了更多的潜在受访者，通过微信和电子邮件发放了问卷，在收集到问卷后一一核查以保证数据的有效性。

最终，共有 203 名受访者收到邀请，181 名受访者在规定时间内完成问卷调查。收到问卷后，先删除了答题时间少于 150 s、全部意见均为中立、空白问题数超过 10%的问卷，得到 148 份有效问卷。受访者分别参与不同重大工程项目，如西岸传媒港、雄安新区建设、港珠澳大桥、深圳前海综合开发、大兴机场建设和海南铺前跨海大桥等，涉及机场、高速公路、城市更新与开发、桥梁等不同类型，且分布在不同的地区，拥有不同的项目管理方式，这可以帮助研究者尽可能充分地识别能够用于本书的样本数据，提高样本数据的代表性和多样性。

表 4.2 展示了有关受访者在重大工程项目中的工作经验、职位和角色的详细信息。通过表 4.2 可知，超过 81%的受访者拥有 5 年及以上的工作经验，约半数受访者拥有 10 年以上的工作经验，这意味着受访者有足够的经验对问卷内容作出相对合理的判断。此外，受访者还包括施工单位、设计单位、供应商、监理单位、设计/管理咨询单位和业主，不同角色的主体可以从不同角度来提供参与协同创新的动机判断。此外，约 66%的受访者为项目经理或施工现场经理，17.6%为工程师，表明受访者素质较高。

表 4.2　受访者人口统计信息

类别	具体分类	数量	比例
工作经验	＜5 年	16 名	10.8%
	5～10 年	63 名	42.6%
	＞10 年	69 名	46.6%

续 表

类别	具体分类	数量	比例
职位	项目经理	38 名	25.7%
	施工现场经理	59 名	39.8%
	工程师	26 名	17.6%
	咨询顾问	25 名	16.9%

4.4 动机因素分析结果

4.4.1 动机因素排序

每个动机因素的平均值和标准差不是评估重要性排名的合适方法，因为它们无法揭示因素间的相对重要性(Doloi 等，2012)。本章使用相对重要指数(*RII*)对动机因素进行排序。根据 Gündüz 等(2013)，*RII* 计算公式如下所示：

$$RII=\frac{\sum W}{A\times N} \tag{4.1}$$

其中，W 为受访者赋予每个动机因素的重要性分数；A 为受访者给出的最高分数；N 为受访者的数量。*RII* 值的范围为 0～1(不包括 0)。分数最高的 *RII* 表明其在所有动机因素中是最重要的。对某一类别动机下的所有动机因素的 *RII* 值进行加和平均就可以得到该类别动机的平均值。

基于收集的数据，计算出动机因素的重要性排序如表 4.3 所示。从表 4.3 可知，超过 80%的受访者选择“4”(代表“重要”)或“5”(代表“非常重要”)，不到 7.4%的受访者选择“1”(代表“非常不重要”)或“2”(代表“不重要”)。同时，18 个动机因素的 *RII* 指数均大于 0.7，且小于 0.9，最大值与最小值间相差 0.104，这表明所有的动机因素对多主体都具有较强的激励作用，可用于本章研究中。

表 4.3 动机因素相对重要性排名

动机因素	受访者打分结果					*RII*	排名
	1	2	3	4	5		
C1	1	8	13	76	50	0.824	7

续　表

动机因素	受访者打分结果					RII	排名
	1	2	3	4	5		
C2	1	7	17	70	53	0.826	6
C3	0	7	20	73	48	0.819	8
C4	0	3	21	63	61	0.846	4
C5	1	9	8	106	24	0.793	13
C6	1	6	14	99	28	0.799	10
C7	1	8	20	82	37	0.797	11
C8	1	10	17	83	37	0.796	12
C9	1	8	15	105	19	0.78	14
C10	2	2	21	110	13	0.776	15
C11	1	2	3	79	63	0.872	2
C12	1	2	5	71	69	0.877	1
C13	2	2	4	79	61	0.864	3
C14	3	6	15	66	58	0.830	5
C15	3	6	16	74	49	0.816	9
C16	1	2	22	114	9	0.773	18
C17	1	2	22	112	11	0.776	15
C18	1	2	21	110	13	0.776	15

通过 *RII* 排名可知，受访者普遍认为“来自项目的支持(C12)”“响应项目相关要求(C11)”和“应对项目复杂性和不确定性(C13)”是其参与协同创新最为重要的驱动力。这可能是因为重大工程项目本身的复杂性就要求多主体不得不利用创新手段来解决建设难题，提升建设效率；此外，所有者要求以及提供相应资源，能够充分调动组织的积极性，从而帮助实现项目交付和解决项目难题。“应对技术变化(C16)”“提升企业的技能并获得竞争优势(C10)”“应对相关法规或规章(C17)”和“应对市场变化(C18)”排在最后 4 位，这表明与重大工程项目本身所具有的复杂性和不确定性相比，技术、市场以及已有法律法规的变化重要性是相对较低的。这也从侧面反映出，重大工程情境下多主体协同创新更多是为了解决项目建设难题、减少项目成本支出和增加收入、提升项目绩效等。

4.4.2 探索性因子分析

在进行 EFA 分析前，需要对问卷数据的信度和效度进行检验，以保证研究的有效性。具体地，通过 Cronbach α 系数进行了信度分析，如果 Cronbach α 系数大于 0.7，表明内部一致性较好或者优秀，因此选取 0.7 作为标准。通过组合信度(Composite Reliability，*CR*)和平均方差抽取量(Average Variance Extracted，*AVE*)来检验收敛效度，如果 *AVE* 计算结果大于推荐阈值 0.5，*CR* 计算结果大于推荐阈值 0.7，则表明具有较好的收敛效度(Fornell 和 Larcker，1981)。利用 *KMO* 和 Bartlett's 球形检验对结构效度进行分析，根据评价准则 *KMO* 值大于 0.6，且越接近于 1 则表明样本数据间的共同变异化程度越高。Bartlett's 球形检验的显著性水平需要满足样本自由度时所必须达到的显著性(通常为小于 0.05)，才能进一步用于因子分析。

对获取的问卷数据进行信度和效度分析，结果如表 4.4 和表 4.5 所示。

表 4.4 *KMO* 和 Bartlett's 球形检验

检验指标	结果
Cronbach α 系数	0.842
KMO	0.705
Bartlett's 球形检验	
χ^2	2 047.503
显著性水平(P)	0.000

表 4.5 旋转后的因子载荷矩阵

动机因素	主成分					
	1	2	3	4	5	6
C1	**0.877**	0.115	0.209	0.050	0.122	0.041
C2	**0.895**	0.129	0.045	0.098	0.050	−0.002
C3	**0.788**	0.059	0.103	0.200	0.036	0.133
C4	**0.823**	0.085	−0.014	−0.034	0.032	0.091
C5	0.130	**0.935**	0.043	0.035	0.021	0.056
C6	0.138	**0.926**	0.061	0.083	0.069	0.093
C7	0.091	**0.917**	0.019	0.135	0.036	0.131

续　表

动机因素	主成分					
	1	2	3	4	5	6
C8	0.094	0.098	0.082	**0.873**	0.140	0.068
C9	0.084	0.054	0.252	**0.873**	0.029	0.052
C10	0.084	0.091	0.016	**0.895**	0.007	0.028
C11	0.115	0.072	**0.851**	0.119	0.085	0.079
C12	0.093	0.002	**0.948**	0.140	0.109	0.019
C13	0.076	0.042	**0.930**	0.067	0.048	0.043
C14	0.128	0.154	0.053	0.059	−0.012	**0.957**
C15	0.096	0.102	0.078	0.075	0.087	**0.959**
C16	0.117	0.122	0.145	0.075	**0.885**	0.024
C17	0.020	0.021	0.011	0.086	**0.894**	0.073
C18	0.069	−0.015	0.080	0.007	**0.875**	−0.018
初始特征值	4.983	2.527	2.134	2.090	1.818	1.611
旋转后的方差	16.703%	14.949%	14.765%	13.703%	13.467%	10.645%
累积方差	16.703%	31.652%	46.417%	60.121%	73.588%	84.233%
Cronbach α	0.888	0.937	0.920	0.880	0.873	0.957
AVE	0.717	0.858	0.829	0.775	0.783	0.918
CR	0.910	0.948	0.936	0.912	0.915	0.957

注：提取方法为主成分分析法；旋转方法为正交旋转，数字加粗为每个提取维度上变量的因子载荷值。

通过表 4.4 和表 4.5 可知，本次问卷所有动机因素的 Cronbach α 值为 0.842（表 4.4），大于 0.7 这一衡量标准，表明问卷调查总项目的信度较高。此外，每个动机因素的 Cronbach α 值都超过 0.7（表 4.5）。所有提取的主成分的 *CR* 值都大于推荐阈值，范围从 0.91～0.96（表 4.5）。6 个主成分的 *AVE* 值范围为 0.717～0.918，大于最小值 0.5，表明收敛效度可以接受。此外，*KMO* 值为 0.705，大于最小值 0.5，从而证明样本进行 FA 分析的信度和有效性；Bartlett's 球形检验显示变量之间具有统计学上的显著相关性，这表明总体相关矩阵不是单位矩阵。因此，通过问卷调查收集的样本数据适合开展因子分析。

本章借助分析软件 IBM SPSS Statistics 24.0 开展 EFA 分析，以达到降维分组的目的。在具体操作过程中，因子载荷矩阵的提取方法为主成分分析法，因子旋转方法为正交旋转。选择正交旋转的原因为其要求提取的主成分之间没有相关性。数据分析结果显示，正交旋转后的6个主成分间的相关性可以忽略不计，表4.6展示了部分结果。

表 4.6 主成分间的相关性分析结果

动机因素	相关系数	显著性
互相学习	1.000	0.000
共同应对项目挑战	0.043	0.604

使用主成分分析法提取因子，共生成了6个特征值大于1.0的主成分（表4.5），且没有一个主成分起到完全主导作用。6个主成分解释了总方差的84.233%，其中主成分1解释了变量的16.703%，这表明在某一个主成分上各因素的贡献并没有太大差异。为了评估共同方法偏差（Common Method Biases，*CMB*），本章进行了Harman单因素检验。Harman单因素检验产生了6个因素的解决方案，其中第一个因素解释了不到40%的方差（84.233%中的16.703%），表明*CMB*不太可能成为主要问题。表4.5也表明，提取的主成分可以解释18个动机因素中的大部分信息，且18个动机因素的因子载荷均高于0.7，每个变量都属于6个维度之一。因此，EFA可以提取出有效的主成分进行分析。

基于EFA，6个主要动机维度分别为提升项目绩效、互相学习、共同应对项目挑战、应对竞争、应对外部环境变化和获取奖励，如表4.7所示。基于专家打分，利用前述提到的方法对某一动机维度下所包含的因素的*RII*值进行加和平均，得到6个动机维度的*RII*排名依次为：共同应对项目挑战、提升项目绩效、获取奖励、互相学习、应对竞争和应对外部环境变化。

表 4.7 主要动机维度名称及重要性

动机维度	包含的动机因素	名称	*RII*	基于*RII*排名
1	C1～C4	提升项目绩效	0.829	2
2	C5～C7	互相学习	0.796	4
3	C11～C13	共同应对项目挑战	0.871	1
4	C8～C10	应对竞争	0.784	5
5	C16～C18	应对外部环境变化	0.775	6
6	C14～C15	获取奖励	0.823	3

4.5　讨论与启示

4.5.1　研究讨论

虽然已有研究分析了多主体协同创新的动机因素，但大多数集中在一般基础设施项目领域，无法体现重大工程长周期、复杂性等特有的属性。本章研究旨在弥补重大工程情境下多主体参与协同创新的动机这一研究空白，同时也为接下来的研究打下理论基础。

通过文献综述和专家访谈的方法，本章首先识别了多主体协同创新的 18 个动机因素，随后利用问卷调查收集了重大工程实证数据。由于平均值和标准差无法揭示因素间的相对重要性，因此采用 *RII* 方法评价了各动机因素之间的相对重要性；基于第 3.3.1 节中的 18 个动机因素 *RII* 分析结果可知，18 个动机因素间的 *RII* 差值小于 0.2，且均值都大于 0.7，表明动机因素对多主体具有较强的激励作用。同时，识别的动机因素为 18 个，相对较多，因此，通过 EFA 探索了动机因素间的潜在结构，最终提炼出包含 6 个主要动机维度和 18 个动机因素的重大工程多主体协同创新动机识别模型。6 个主要动机维度按照其重要性排序（从高到低）依次为共同应对项目挑战、提升项目绩效、获取奖励、互相学习、应对竞争、应对外部环境变化，多主体协同创新动机识别模型如图 4.2 所示。

1）共同应对项目挑战

共同应对项目挑战作为外部动机因素在 6 个主成分中的重要性排名第一，表明它最有可能激发多主体参与协同创新；同时，该动机维度解释了总方差的 14.765%。该结果的出现可能源于我国大多数重大工程项目复杂性及挑战极高，需要多主体协同创新来解决。这一研究结果与将内部动机因素（例如，降低发展风险）视为最重要动机的研究发现（Leverick 和 Littler，1993）是截然不同的。这可能是因为在我国情境下，国家通常提出建设某个重大工程宏伟的创新目标（例如港珠澳大桥的世界级跨海通道的建设目标），这就要求多主体必须紧密合作实现建设目标。此外，许多重大工程项目所在的自然环境比较恶劣，例如港珠澳大桥在建造阶段必须应对洋流、水文等恶劣天气条件，青藏铁路必须在高原冻土上建造等。因

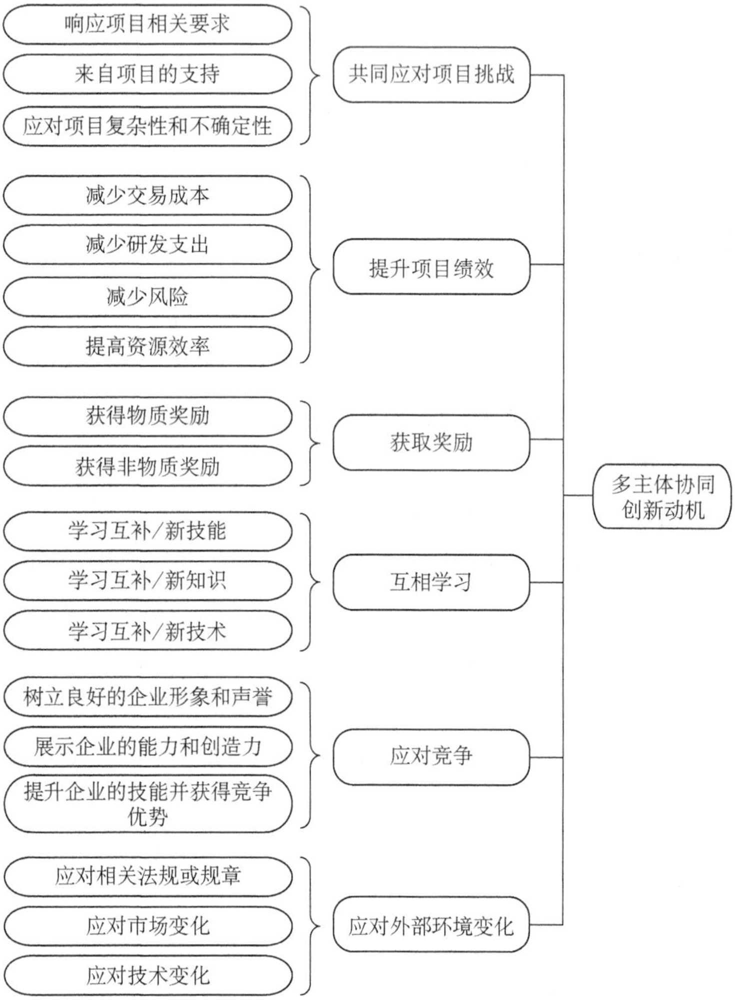

图 4.2　多主体协同创新动机识别模型

此,重大工程项目的高复杂性以及项目相关要求是我国重大工程项目多主体展开紧密合作的主要动机。

在该动机维度中,“来自项目的支持(C12)”具有最高的重要性,这是因为所有者的支持可以促进多主体参与构建和维护协同创新系统的意愿(Chen 等, 2020)。所有者的支持是形成可持续的协同创新系统以及实现更多创新成果的重要驱动力(Dodgson 等, 2015)。“响应项目相关要求(C11)”可以促进协同创新,这是因为所有者作为项目的发起人,在重大工程项目管理中扮演领导者角色。“应对项目复杂性和不确定性(C13)”比 C12 和 C11 的重要性要低,这可能是因为重大工程创新具有极强的不确定性，在没有所有者强制性要求和积极支持的情况下，参建主体没有主动作出改变的意愿。然而，该因素在 18 个动机因素中仍排第三，这是因为与一般基础设施项目相比，重大工程通常涉及更加复杂的技术/管理问题，很难通过传统方法或仅靠某个主体现有的知识来完全解决（Locatelli 等，2021）。多主体紧密合作已成为解决重大工程项目难题的有效工具。

2）提升项目绩效

与 Akintoye 和 Main（2007）的研究发现一致，提升项目绩效被视为协同创新的动机。这也与我国重大工程实践做法，即通过绩效（例如成本和进度）来评估创新成果和项目绩效是比较一致的。问卷分析结果表明，提升项目绩效的 *RII* 排名第二，解释了总方差的 16.703%。

"减少交易成本（C4）"是该动机维度中最重要的因素。重大工程项目创新涉及不同类型的交易成本（如获得专利授权或版权的成本，控制竞争对手机会主义的成本）（Baldwin 和 Hippel，2009；Chang 和 Chou，2014）。协同过程中的多主体将按照协议/规范要求提供相关资源，这不仅降低了不确定性和交易成本，还增加了交易频率。此外，"减少研发支出（C2）"也是促进多主体协同创新的重要因素。面对重大工程项目的复杂性和不确定性，多主体需要进行研发和测试以解决难题，仅靠单个主体开展所有研究工作并承担研究成本是很困难的（Akintoye 和 Main，2007）。协同关系已成为多主体分担成本并获得更多实用创新成果的流行方法，例如港珠澳大桥中常见的联合体形式。再者，"减小风险（C1）"在该动机维度中排名第三，它体现了多主体的风险厌恶偏好。重大工程创新受到"铁三角"的限制（Derakhshan 等，2019），且涉及不可预见的风险（如技术和市场风险）（Davies 等，2009），这就导致大多数主体在现有技术能够实现目标的情况下，不愿意创新（Chen 等，2020）。在实践中，如果必须创新，参建主体通常会寻求外部支持并与他人合作以降低失败的风险。"提高资源效率（C3）"作为该动机维度中的最后一个因素，体现了知识、技术、信息、人力资源和资金等创新资源对创新实现的重要性。由于某主体无法掌握所有的资源，通过协同创新不仅可以帮助彼此实现项目创新目标，也可以促进资源共享。

3）获取奖励

该动机维度的重要性排名第三，并与已有研究中将奖励视为重要动机相吻合（Akintoye 和 Main，2007）。奖励让多主体对重大工程项目的利益分配体系有一个公平的认识，并提升了他们对协同创新的兴趣。该动机维度解释了总方差的

10.645%。

“获得物质奖励(C14)”(如经济补偿和金钱奖励)是用来激励多主体协同创新的常用方法(Füller, 2010)。通常,在合同中会设立相应条款来鼓励多主体开展协同创新,并提供金钱奖励(例如税收减免),作为理性人的多主体受到利益驱动,会尝试在重大工程中开展协同创新活动,以进一步增加收益。“获得非物质奖励(C15)”(如反馈、授权、能力发展或被认可)向多主体传达了一个重要信息,即他们的能力受到关注,他们的贡献/工作得到高度重视和赞赏。此外,这些非货币奖励也暗示着多主体有很大的潜力在未来取得更好的成绩(Mustafa 和 Ali, 2019)。

4) 互相学习

该动机维度的 *RII* 排名第四,表明它可以在一定程度上激励多主体开展协同创新,同时该动机维度解释了总方差的 14.949%。

“学习互补/新技能(C6)”是该动机维度中最为重要的动机因素。不同的技能,例如综合管理技能、沟通技能和解决问题的技能,是实现重大工程项目创新目标的必要条件(Davies 等, 2014)。然而,并非每个企业都掌握且能很好地应用这些技能,同时与协同关系建立、信任和灵活性管理相关的关键技能也是在协同创新实践中开发和应用的,因此,学习互补/新技能(C6)是促进多主体协同创新极其重要的动机因素。“学习互补/新知识(C7)”作为第二重要的动机因素,进一步证明了知识在创新管理中的重要性。根据创新与知识管理理论可知,创新的本质是知识创造、外部获取和新知识应用的动态过程(Zhao 等, 2018)。重大工程项目中的知识创造是一个相当复杂的过程,许多主体通过多种方法(如分享认知和经验,头脑风暴等)来进行整合并实现价值(Kao 和 Wu, 2016)。此外,新知识应用于建筑产品有助于多主体了解互补/前沿知识及其应用,这将为其带来短期和长期利益。“学习互补/新技术(C5)”是该动机维度中排名第三的动机因素。重大工程创新需要构建管理不同技术组合的组织流程来创造、获取价值及实现预期目标(Davies 等, 2014)。新技术(例如建筑信息模型 BIM)是创新过程中具有成本效益的要素,也是在重大工程中创造价值的有效方法,因此多主体合作来吸收互补/新技术,应对技术变革。

5) 应对竞争

应对竞争描述了多主体采取行动或应对竞争对手攻击的动机。应对竞争的 *RII* 排名第五,表明其驱动力相对较弱;同时该动机维度解释了总方差的 13.703%。

“树立良好的企业形象和声誉(C8)”作为一种应对竞争的差异化手段和方法,

可以为企业创造竞争优势。“展示企业的能力和创造力(C9)”在该动机维度中的重要性排第二。创造力是增强企业竞争优势和领先于竞争对手的一个重要要素(Parjanen，2012)。对于重大工程的参建主体而言，业主或合作者的观点和看法对其短期或长期发展至关重要。因此，许多企业愿意参与协同创新活动，以充分展示其综合能力和创造力，为将来承担类似项目打下基础。“提升企业的技能并获得竞争优势(C10)”在该动机维度中的重要性排第三。重大工程创新是一个复杂的过程，旨在通过多主体合作来解决技术问题，这就迫使多主体必须在有限的时间内共同努力来达成目标。这些过程对于多主体来说是一种宝贵的经验，其不仅可以提升解决类似建设难题的技能，还能帮助其在激烈的市场竞争中守住阵地。

6) 应对外部环境变化

与 Akintoye 和 Main(2007)研究发现一样，环境变化作为外部压力迫使多主体采取协同行为。基于问卷结果，该动机维度 *RII* 得分最低，排在最后。这在基础设施行业中很常见，主要是因为通常情况下多主体对技术、市场变化作出改变的速度要比其他行业慢一些。该动机维度解释了总方差的 13.467%。

重大工程项目以明显的方式迅速、有目的和深刻地改变环境，且需要资本和国家权力的整合(Gellert 和 Lynch，2003)。事实上，为了实现重大工程项目目标，在国家层面经常颁布法规或规则来指导参建主体的行为。例如，为了推动政府和社会资本合作模式在重大工程项目中的应用，国家出台了一些规定(如加快重大工程建设 PPP 引导资金①)来指导实践。因此，“应对相关法规或规章(C17)”在一定程度上是驱动多主体协同创新的因素，但其驱动力远小于项目层面的要求和奖励。“应对市场变化(C18)”在该动机维度中的重要性排第二。宏观市场全球化给重大项目创新带来了巨大的风险和挑战，但同时也带来了机遇(Xue 等，2010)，多主体合作已成为应对这些风险和提高创新成果的理性选择。根据问卷结果可知，“应对技术变化(C16)”的 *RII* 在 18 个协同创新动机因素中排名最后。这可能是因为基础设施行业相对于其他行业，尤其是制造业，相对保守。同时，建筑业的技术变革速度与其他行业相比也慢很多。

4.5.2　管理启示

在实践方面，研究结果可为重大工程项目的从业者、决策者或政策制定者采取有效措施激发多主体参与协同创新提供一定的政策建议。

---

① http://www.gov.cn/zhengce/2015-08/28/content_2920996.htm.

业主需要明白协同创新是一个复杂的过程，受到多主体的多种动机因素影响。因此，业主需要充分了解参建主体的动机并掌握其相对重要性，采取有效的管理措施来促进协同创新。例如，在项目前期阶段，业主需要明确提出多主体协同、创新以及项目绩效的详细要求或者将其写进合同条款中，并给予配套的支持措施，以促进多主体间协同创新的形成；同时在相关措施的支持下高效开展相关活动，以实现重大工程项目创新目标。在实施过程中，业主需要根据各参建主体的利益需求"对症下药"，设置相匹配的管理方案，以充分激发各主体的积极性和主动性。例如，给予适当的激励（如口头表扬、金钱奖励等）以持续激发多主体的积极性和创造性，为实现项目目标打下基础。

参建主体需要在把握住协同创新机会的同时，充分利用这个平台来为实现自身发展目标，例如积极参与协同创新活动，通过知识分享、知识转移以及知识整合等来吸收、总结前沿或互补的知识、技术、技能，促进自身综合水平的提升，获得更多的竞争优势，进而不断提高效率。

4.6 本章小结

实践表明，在重大工程项目中，多主体受到内、外部因素的影响来激发、维持和调节其行动，通过目标整合、资源共享以及分工协作等方式实现创新，这些是重大工程能够取得非凡成绩的重要因素。本章基于资源依赖理论和交易成本理论，利用目的性抽样以及滚雪球抽样的问卷发放方式收集了我国重大工程实证数据，通过 RII、EFA 等方法开展了数据分析，提炼出重大工程多主体协同创新动机识别模型，旨在弥补重大工程情境下多主体参与协同创新的动机这一研究空白，同时也为接下来的研究打下理论基础。分析发现，重大工程多主体协同创新的 18 个动机因素间的 RII 差值小于 0.2，且均值都大于 0.7，表明 18 个动机因素对多主体均具有较强的激励作用。重大工程多主体协同创新动机识别模型中包含 6 个主要维度和 18 个动机因素，6 个主要动机维度按照其重要性排序（从高到低）依次为共同应对项目挑战、提升项目绩效、获取奖励、互相学习、应对竞争和应对外部环境变化。研究结果拓展了中国重大工程情境下多主体协同创新的动机分析，对业主和政策制定者管理多主体协同创新，参建主体参与协同创新具有一定的实践启示。

第 5 章

重大工程多主体协同创新形成机理

尽管已有研究证实了协同创新受到各种动机因素的影响，但目前仍不清楚不同动机因素对协同创新形成的组态作用。本章基于资源依赖理论、交易成本理论和复杂性理论，利用第 4 章提炼的协同创新动机识别模型中的 6 个主要动机维度构建了重大工程多主体协同创新的组态模型，以探讨多个动机因素共同促进多主体协同创新形成的组态路径。通过 fsQCA 方法对收集的实证数据进行了分析，结果表明，重大工程多主体协同创新的形成存在 4 条组态路径。4 条组态路径可分别适应于 4 种创新的形成，包含系统创新、激进式创新、二级供应商创新和模块化或结构式创新。研究尝试打开重大工程多主体协同创新形成的“黑箱”，也为重大工程实践者提前采取有效应对措施来促进协同创新的形成提供了实践建议。

5.1 研究概述

协同创新是重大工程项目建设目标实现的重要促成要素。鉴于重大工程的复杂性和多主体参与特点，其已被视为研究协同创新的理想环境（Chen 等，2020）。在研究重大工程多主体协同创新时，已有文献缺乏多主体协同创新形成的系统且能反映客观事实的分析，其局限性主要体现在 2 个方面。第一方面，以往的文献大多采用回归分析或结构方程建模方法来分析不同因素对协同创新形成的作用机理。不容置疑，回归分析或结构方程建模方法研究了每个动机因素对多主体协同创新形成的“净作用”效果（Lloyd-Walker 等，2014），但是其不仅没有“提供有关模型多个因变量和自变量之间相互作用的信息”（Chaparro-Peláez 等，2016），而且忽略了几个相关变量的“组合效应”。此外，回归分析或结构方程建模方法依赖于对称方法，并消除了变量之间可能存在的不对称关系(Havenvid 等，2016)；当模型中包含的变量发生变化时，其影响也可能发生变化。第二方面，现有研究得出的结论是不一致甚至相互矛盾的，需要进一步探索。例如，Bagherzadeh 等(2020)发现由外而内的开放式创新对知识共享具有正向促进作用，而 Singh 等(2021)指出知识共享实践对开放式创新产生了积极影响。

由此可知，尽管回归分析或结构方程建模方法等基于相关性的方法在分析单个动机因素的作用效果方面发挥着重要作用，但这与实践是相违背的。实践中，多主体协同创新的多重动机因素开发可能会对协同创新形成产生作用效果。因此，需要从整体和不对称的角度研究多主体协同创新形成。基于此，本章旨在利用基于组态视角的 fsQCA 方法研究多主体协同创新动机因素的不同组合对多主体协同创新形成模式的促进作用。本章的分析单位是动机因素的组合，分析层面是重大工程层面，具体的研究问题有哪些不同动机因素的组合对重大工程多主体协同创新形成起到促进作用。

基于对我国重大工程项目的实证研究，本章采用 fsQCA 方法，对研究问题展开了系统的分析。fsQCA 基于组态视角，挖掘出多个前因条件之间的复杂性关系，其可以帮助识别各种条件组合(动机)对结果(多主体协同创新的形成)的影响(Fiss，2011；Ragin，2008)。本章研究结果将确定不同协同创新形成模式，并为重大工程实践者管理多主体协同创新提供理论指导。

5.2 协同创新形成机理模型构建

本章基于第 4 章的研究发现，选取模型中的 6 个主要动机维度：共同应对项目挑战、提升项目绩效、获取奖励、互相学习、应对竞争和应对外部环境变化，以探讨动机因素对多主体协同创新形成的组态路径。

Havenvid 提出，共同应对项目挑战激励多主体参与协同创新以及协同创新的形成(2016)。从广义上看，重大工程的复杂性使得单一参建主体很难完全实施项目中所需要的各类创新活动(Lehtinen 等，2019)。通常，重大工程都是“独一无二的”复杂的基础设施，其自身经常就被视为是创新，如“最长的海底隧道”等。此外，许多重大工程位于恶劣的自然环境中，其实施也会对自然环境产生影响，因此，重大工程的社会责任要求多主体必须开展创新以减少负面影响(He 等，2019)。

Aouad等(2010)指出,项目情境下的创新是一个进化的、非线性的、互动的过程,需要不同利益相关者间的密切沟通和协作(Aouad等, 2010),因此,促进协同创新的形成在重大工程中是非常有必要的。

项目绩效被认为是衡量项目成功和资源使用效率的关键指标之一(Frinsdorf等, 2014)。重大工程被划分为不同阶段,需要不同专业的参建主体参与建设,因此多主体需要根据项目的总体计划参与项目,因此,协同是多主体的必然选择。重大工程中的多主体协同创新不仅可以完成项目开发活动,而且可以帮助管理者形成动态和稳健的项目治理策略,以应对快速变化的项目环境。更重要的是,协同创新有助于打破组织边界,提高项目质量和安全性,甚至降低风险(Boateng等, 2015)。因此,本章研究将提升项目绩效作为促进协同创新形成的重要因素。

获取奖励是影响协同创新形成的显著影响因素之一(Alassaf等, 2020)。对于组织或个人而言,获得奖励通常被视为积极的能力反馈,其能够激发组织或个人内在动机以及具体的行动(Hofstetter等, 2018)。此外,大量实证研究分析了管理者给予的奖励对多主体协同创新形成的积极影响(Zhang等, 2019)。在重大工程情境下,奖励能够带来项目绩效、项目联盟和协作等方面的积极影响,促进多主体协同创新的形成。

根据创新与知识管理理论,协同创新是联盟伙伴通过知识创造、知识获取、知识交易和知识应用达成一致和促进经济产出的一种创新方式(Zhao等, 2018)。因此,协同创新能够帮助多主体提升自身知识水平,甚至加速知识获取和学习。重大工程中的多主体通过知识、技术和经验共享,可以学习有价值的技能,例如综合管理技能、沟通技巧、信任建立技能和灵活性管理技能,这些技能显著提升他们的管理能力(Nestle等, 2019)。因此,互相学习是促进多主体协同创新形成的重要驱动力。

全球化的进一步发展使得建筑公司之间的竞争变得愈发激烈,因此,与外部合作伙伴甚至竞争对手合作并进行创新是合适的解决方案(Xue等, 2010)。竞争者通常在建设项目领域有共同的兴趣和立场,他们拥有互补的知识或信息,这些知识或信息对于实现重大工程创新是很有价值的。因此,与竞争对手的协同创新促进了有价值的知识或信息的共享和转移以及互补知识的吸收。此外,在开展创新活动过程时,组织还可以展示积极的形象、声誉和企业精神文化(Moritz等, 2021),这些都是提升竞争优势的重要方法。总之,应对竞争已成为促进多主体协同创新形成的重要影响因素。

外部环境变化迫使组织采取有效措施,例如协同创新,以减少不可预测的风险。通常,市场、技术和相关法规与规则的变化可能会给重大工程情境下的组织带来巨大压力;然而,由于风险和不确定性,大多数组织不愿意改变。建立协同关系以进行创新是应对复杂环境中的这些剧烈变化并获得新的竞争优势的最佳选择。因此,本章将应对外部环境变化视为影响协同创新形成的一个影响因素。

实践中,多主体协同创新的多重动机因素开发可能会对协同创新形成产生作用效果;多主体协同创新的形成也是一个复杂过程,受到不同因素的共同作用(Cantarelli, 2020)。尽管现有研究主要采用对称方法,如回归分析或结构方程建模方法分析不同动机因素对协同创新形成的"净效应"效果,但多个动机因素的协同联动是如何影响协同创新形成仍不清晰,这与协同的复杂性(Johnston, 2021)和组态理论(Fiss 等, 2013)是相矛盾的,与实践也是相违背的。已有研究虽然分析了重大工程项目的协同创新的多主体构成及其自身的作用,然而,很少有研究探讨协同创新动机因素与协同创新形成的复杂性关系。因此,需要从整体和不对称的角度研究多主体协同创新形成。

基于上述分析,本章构建了多主体协同创新形成的组态模型,如图 5.1 所示。

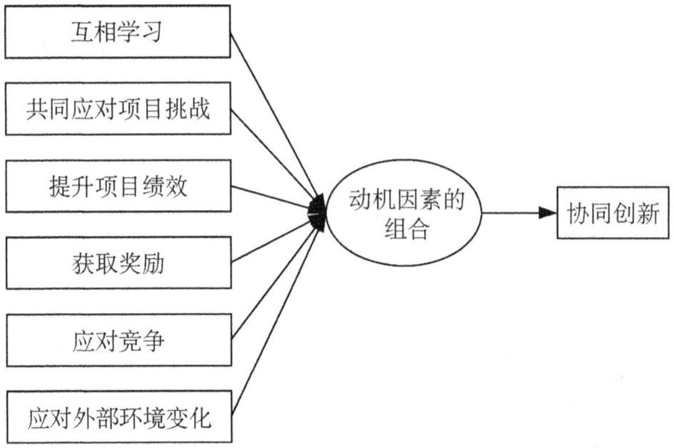

图 5.1 多主体协同创新形成的组态模型

5.3 研究方法与数据收集

5.3.1 研究方法选择

本章通过 fsQCA 方法探索多主体协同创新的形成。在重大工程情境下,多主体协同创新的形成是一个复杂的过程，受到多个前因条件交互作用，fsQCA 方法提供了一种将复杂且相互依赖的因果关系管理成连贯关系的实用方法。fsQCA 是定性比较分析法(Qualitative Comparative Analysis，QCA)的一种。

QCA 是一种创新方法，尤其适用于具有多个前因条件和结果的情况(Drăgan 等，2020；Woodside，2013；Xie 等，2016)。QCA 方法有助于发现多个变量之间的因果关系和多个前因条件的组合关系，进而来解释对结果变量产生影响的典型路径以及构建相应的组态模型(Pappas 等，2016；Ragin，2000)。通常，传统的对称方法(如回归分析、结构方程模型)估计每个假设的自变量是否对因变量有显著影响，而忽略了与多个变量发生多重共线性的问题(Woodside，2013)。此外，实践也表明，“任何有见地的条件组合都与结果条件存在不对称关系，而不是在将涉及两个或多个自变量的方程中的其他自变量所产生影响分离出来后的对称关系”(Woodside，2013)。作为一种创新方法，QCA 方法超越了回归分析和结构方程模型等方法，旨在表示“不对称关系”而不是“对称关系”。同时，QCA 方法适用范围广泛，对样本量以及用于分析的数据要求相对较低。QCA 方法既可以应用于 10 个左右的小样本，也可以应用于 15～50 个的中样本，又可以应用于 100 个以上的大样本(Ragin，2008)，能够有效减少对样本复杂性的要求。由于与复杂性理论应用相关的工作主体和严格工具的要求，fsQCA 方法在复杂项目管理与复杂系统管理中的应用不断增加(Woodside，2014)。fsQCA 方法非常适合分析前因条件比较复杂、因果关系非对称性以及存在跨层变量等比较特殊的研究问题。fsQCA 方法还建立等终结性和间断均衡的组态思维上，而不是情境等终结性背景和准平稳平衡(例如，权变理论)(Meyer 等，1993)。

本章为了探讨重大工程多主体协同创新的形成，区别于传统基于对称思想来分析某个因素对结果的线性影响关系的研究方案，采用 fsQCA 方法进行组态视角的探讨原因有 3 个。①fsQCA 方法采用集合论这种“不对称关系”而不是传统的对称“线性关系”来解释前因条件与结果之间的联动关系，也即认为对多主体协同创新形成起作用的为多个动机的集合而不仅是单个动机，这是符合实践常理的。②fsQCA 方法适用于中小型样本，这对于重大工程情境下能够获取的有效数据有限是非常有利的。③fsQCA 方法允许前因条件和结果是可以用模糊尺度(连续)而不是二分尺度来衡量(Mikalef 和 Pateli，2017)，其通过对问卷调查数据校准，有效分析多主体协同创新动机对多主体协同创新形成的解释力度，也就是通过一致性和覆盖率进行有效评价。

5.3.2 数据收集

类似于第 3 章，本章也使用团队或组织内成员的平均行为代表团队或组织层面的行为。互相学习采用 Prencipe 和 Tell（2001）和 Alashwal 和 Abdul-Rahman（2014）的量表。共同应对项目挑战使用 Zhang 等（2018）和 Haider 等（2021）用过的量表，其 Alpha 可靠度为 0.885。提升项目绩效采用 Suprapto 等（2015）的量表，获取奖励采用 Füller（2010）和 Armstrong 和 Stephens（2005）的量表，应对竞争改编自 Chen 等（2021），应对外部环境变化采用 Park 等（2019）的量表，协同创新采用 Wang 和 Hu（2020）的量表。

由于变量源于英文文献，参照 Xu 等（2016）的方法，先将选取的变量题项进行了中英文互译，并邀请 1 名中英文水平均较高且熟悉重大工程研究的学者将中文翻译成英文，以验证中英文内容的一致性，如果发现不一致，翻译人员共同讨论，直到所有研究人员达成共识。随后，根据重大工程情境，进行了针对性的修正与调整，并分别与 2 名重大工程项目高管人员和一名研究重大工程项目创新的大学教授（源于表 3.1 列出的专家库）讨论了变量的适应性与表达的准确性。3 名专家的意见没有冲突，他们建议修改"共同应对项目挑战"中的一个测量题项，将"多主体合作探索最先进的组织和技术等新思想、新模式、新方法和新手段，是该项目核心目标之一"改为"多主体合作探索最先进的组织、管理、经济、合同和技术等新思想、新模式、新方法和新手段，是该项目核心目标之一"。此外，他们还建议改进"提升项目绩效"的一个测量题项，即将"提高项目运营效果"改为"提高利益相关者的满意度"，从而从宏观角度来分析重大工程项目的影响。

基于识别的变量和测量题项的基础，本章确定了量表题项，量表题项均参照已有成熟量表以确保信度和效度，同时设计了初步的问卷。问卷采用李克特 7 点量表，"1"代表"完全不同意"，"4"代表"一般"，"7"代表"完全同意"。问卷说明阐述了需要具有参与重大工程项目中的实践经验，以保证所有受访者的经历均符合研究目标。问卷的第一部分旨在了解受访者选择的最近完成的重大工程项目基本信息及其在重大工程项目中的角色。第二部分要求受访者基于其选择的最近完成的重大工程项目实际情况对动机因素的影响进行评分。第三部分由受访者的人口统计数据组成，包括性别、教育背景和工作经验，如附录 C 所示。

根据四阶段问卷设计思路，邀请专家进行了结构化访谈优化问卷设计的语言及整体设计等。然后，在问卷星网站（https://www.wjx.cn）邀请了 16 名从业人员进行问卷的小样本预测试，主要通过微信链接向他们发送了邀请信息（包括问卷调查链接)。最终有 10 名专家填写了预调查问卷,根据收到的反馈,此问卷的信度和效度达到相关标准,最终确定了问卷。

同时,考虑到所能联系的受访者数量有限,在问卷发放时也采用了目的性抽样和滚雪球抽样 2 种非概率性抽样相结合的方法,该方法一方面可以利用所熟悉专家的推荐来获取更多重大工程项目参建人员的观点,另一方面也可以帮助找到难以接触或“隐藏”的人群,尽可能充分地保证样本多样性并最大限度地增加合格受访者的数量。

正式问卷发放过程中,先联系了表 3.1 所列出的 16 名专家填写问卷调查,并询问其是否可以将问卷发放给曾经共同参与过某个重大工程项目或者熟悉的业界人士。为保证所有受访者的经历均符合研究目标,问卷开始明确说明只有参与过重大工程项目中多主体协同创新活动的人员才能填写,并且在收到问卷后一一核查以保证数据的有效性。研究人员共发放问卷 104 份,收回问卷 56 份,问卷回收率为 53.8%。随后,采用 2 个标准来处理数据:①完成时间不超过 200 s 的问卷因答案质量可能较差而被剔除;②投资额为 10 亿～65 亿元但对经济社会产生较大影响的也被视为重大工程;③空白题项超过 10%的问卷被删除。数据筛选后,有 48 份可以用于分析的样本被保留下来,最终样本量符合 fsQCA 的要求,该方法适用于中小样本(即 10 个左右的小样本或 15～50 个的中样本)(Ragin, 2008)。已有研究也应用 10～50 个中样本开展 fsQCA(Gerke 等, 2021; Russo 等, 2019),为研究发现提供了足够支撑。

在所有受访者中,超过 97%的人拥有本科及以上学历(表 5.1),超过 60%的人拥有 10 年及以上的大型项目工作经验。对收集的数据分析发现,包括多种类型的重大工程项目(如桥梁、机场、高铁、高速公路、交通枢纽、地铁),投资方式(政府投资、公私合营),参建主体类型(业主、咨询单位、施工单位、监理单位、设计单位)。

表 5.1 受访者人口统计信息

类别	具体分类	数量	比例
学历	专科及以下	9 名	18.75%
	本科	20 名	41.67%
	研究生(硕士)	13 名	27.08%
	研究生(博士)	6 名	12.50%

续 表

类别	具体分类	数量	比例
重大工程工作经验	<5 年	5 名	10.42%
	5～10 年	14 名	29.17%
	10～20 年	22 名	45.83%
	>20 年	7 名	14.58%
职位	项目经理	9 名	18.75%
	现场经理	18 名	37.50%
	工程师	7 名	14.58%
	咨询顾问	10 名	20.84%
	规划和成本控制经理	4 名	8.33%

5.4 组态分析过程与结果

在进行 fsQCA 分析前，需要对问卷数据的信度和效度进行检验，以保证研究的有效性。具体地，通过 Cronbach α 系数进行了信度分析，如果 Cronbach α 系数大于 0.7，表明内部一致性是较好或者优秀，因此选取 0.7 作为标准。通过组合信度（Composite Reliability，CR）和平均方差抽取量（Average Variance Extracted，AVE）来检验收敛效度，如果 *AVE* 计算结果大于推荐阈值 0.5，*CR* 计算结果大于推荐阈值 0.7，则表明具有较好的收敛效度（Fornell 和 Larcker，1981）。*KMO* 和 Bartlett's 球形检验对结构效度进行分析。根据评价准则 *KMO* 值大于 0.6，且越接近于 1 则表明样本数据间的共同变异化程度是越高的。Bartlett's 球形检验的显著性水平需要满足样本自由度时所必须达到的显著性（通常为小于 0.05），才能用于进一步分析。表 5.2 和表 5.3 显示了信度和效度检验结果。

表 5.2 *KMO* 和 Bartlett 检验

检验指标	结果	检验指标	结果
Cronbach α 系数	0.936	Bartlett's 球形检验	
KMO	0.718	χ^2	1 404.805
显著性水平(P)	0.000	自由度	465

表 5.3　因子分析结果

测量指标	主成分						
	1	2	3	4	5	6	7
互相学习_1	0.015	0.143	0.140	0.088	**0.909**	0.153	0.012
互相学习_2	0.422	0.092	0.123	0.173	**0.799**	0.185	0.071
互相学习_3	0.240	−0.032	0.161	0.266	**0.812**	0.195	0.029
互相学习_4	0.474	0.212	0.265	0.321	**0.582**	0.130	−0.070
共同应对项目挑战_1	0.392	0.230	0.001	0.135	0.173	**0.774**	−0.010
共同应对项目挑战_2	−0.105	0.292	0.124	−0.078	0.281	**0.771**	−0.127
共同应对项目挑战_3	0.257	0.228	0.079	0.273	0.086	**0.767**	−0.137
共同应对项目挑战_4	0.082	0.581	0.206	−0.014	0.175	**0.620**	−0.076
提升项目绩效_1	0.139	0.209	**0.826**	0.338	0.099	−0.114	0.002
提升项目绩效_2	−0.105	0.089	**0.862**	0.005	0.197	0.225	0.084
提升项目绩效_3	0.030	0.192	**0.704**	0.246	0.223	0.107	0.190
提升项目绩效_4	0.060	0.211	**0.830**	0.304	0.012	0.025	−0.067
提升项目绩效_5	0.490	0.144	**0.648**	0.194	0.144	0.125	0.133
获取奖励_1	−0.077	0.079	−0.325	0.197	0.039	−0.188	**0.673**
获取奖励_2	0.060	0.027	0.209	0.137	0.068	−0.014	**0.910**
获取奖励_3	0.131	0.078	0.199	0.090	−0.035	−0.059	**0.910**
应对竞争_1	0.209	0.178	0.223	**0.706**	0.461	−0.048	0.117
应对竞争_2	0.163	0.048	0.176	**0.808**	0.058	0.224	0.202
应对竞争_3	0.186	0.015	0.283	**0.838**	0.135	0.087	0.150
应对竞争_4	0.175	0.122	0.235	**0.823**	0.222	−0.025	0.082
应对外部环境变化_1	0.078	**0.832**	0.206	0.049	0.192	0.233	0.163
应对外部环境变化_2	0.457	**0.614**	0.183	−0.038	0.012	0.318	0.123
应对外部环境变化_3	0.162	**0.790**	0.096	0.038	0.208	0.262	0.095
应对外部环境变化_4	0.346	**0.749**	0.195	0.127	0.118	0.131	0.071
应对外部环境变化_5	0.235	**0.661**	0.081	0.285	−0.154	0.130	−0.130
应对外部环境变化_6	0.342	**0.830**	0.112	0.022	−0.005	0.016	0.019
协同创新_1	**0.779**	0.141	0.048	0.164	0.206	−0.021	−0.044
协同创新_2	**0.853**	0.211	−0.040	0.120	0.151	0.068	−0.045
协同创新_3	**0.810**	0.321	0.124	0.047	0.085	0.080	0.156

续 表

测量指标	主成分						
	1	2	3	4	5	6	7
协同创新_4	**0.854**	0.249	0.063	0.148	−0.013	0.183	0.045
协同创新_5	**0.747**	0.171	0.030	0.207	0.244	0.137	0.080
旋转后的方差(%)	15.961	14.379	12.245	11.040	10.544	9.008	7.805
Cronbach α	0.925	0.879	0.900	0.805	0.918	0.915	0.924
AVE	0.616	0.542	0.606	0.703	0.632	0.563	0.656
CR	0.862	0.824	0.884	0.875	0.873	0.884	0.905

通过表 5.2 可知,所有测量题项的信度(Cronbach α)为 0.936>0.7,表明结构信度可以接受;表 5.2 表明每一个主成分的信度均大于 0.70 的阈值(Nunnally, 1978)。Kaiser-Meyer-Olkin(*KMO*)值为 0.718,表明有效度符合要求。Bartlet 球形检验结果表明卡方值为 1 404.805(自由度为 465),并且具有统计显著性。组合信度 *CR* 值高于推荐阈值 0.7,范围为 0.824~0.905(表 5.3),表明问卷拥有比较好的信度。平均方差抽取量(*AVE*)高于 0.50 的下限(Fornell 和 Larcker, 1981)。总体而言,这些结果达到了有效性和可靠性的要求。

为了评估共同方法偏差(Common Method Biases, CMB),本章进行了 Harman 单因素检验。Harman 单因素检验产生了 7 个因素的解决方案,其中第一个因素解释了不到 40%的方差(80.98%中的 37.595%),表明共同方法偏差(CMB)不太可能成为主要问题。

5.4.1 变量的校准

由于前因条件由多个题项测量组成,在收集完数据后,通过加总平均每个变量的多个测量题项的方式将其进行转换,以方便开展后续的相关分析。fsQCA 的第一步是校准,即将变量转为集合,分别确定其集合隶属度(杜运周和贾良定, 2017)。这个过程需要根据理论和实践知识来设定 3 个临界值:完全隶属、交叉点和完全不隶属,转化后的集合隶属度的值在 0~1 之间。由于本章未校准数据的最小值介于 2~4 之间,为了避免产生一个前因条件被视为必要条件的无意义的结果(Khedhaouria 和 Cucchi, 2019, p. 353),本章采用百分位数来校准数据。3 个锚点数据分别设置为样本数据的 95%、50%和 5%分位点,依次为完全隶属、交叉点以及完全不隶属。7 个变量的校准锚点分别如表 5.4 所示。

表 5.4　各变量的校准锚点

研究变量	锚点		
	完全隶属 95%	交叉点 50%	完全不隶属 5%
互相学习	7.00	6.00	4.11
共同应对项目挑战	7.00	6.00	3.61
提升项目绩效	7.00	6.00	4.89
获取奖励	7.00	5.33	3.45
应对竞争	7.00	5.75	3.23
应对外部环境变化	6.67	5.50	3.24
协同创新	6.82	5.80	3.65

5.4.2　必要条件分析

在构建模糊集真值表前，需要先分析 6 个前因条件的必要性以准确识别出导致结果产生的必要条件(Fiss，2007；Schneider 和 Wagemann，2010)。如果一个条件在结果存在(或不存在)时始终存在(或不存在)，则该条件被认为是必要的(Rihoux 和 Ragin，2009)。一个必要条件将会被认定为结果出现的一个超集。如果必要条件被囊括在真值表中进行分析，其可能会被包含在“逻辑余项”的简约解中被消除掉(程建青等，2019)。表 5.5 展示了协同创新形成的必要条件分析结果。

表 5.5　协同创新形成的必要性检测

研究变量	协同创新形成		～协同创新形成	
	一致性	覆盖度	一致性	覆盖度
互相学习	0.739	0.786	0.650	0.593
～互相学习	0.618	0.674	0.766	0.715
共同应对项目挑战	0.766	0.728	0.717	0.583
～共同应对项目挑战	0.562	0.698	0.666	0.709
提升项目绩效	0.719	0.760	0.681	0.616
～提升项目绩效	0.636	0.699	0.735	0.692
获取奖励	0.706	0.733	0.662	0.588
～获取奖励	0.603	0.676	0.699	0.671
应对竞争	0.744	0.777	0.677	0.606

续 表

研究变量	协同创新形成		～协同创新形成	
	一致性	覆盖度	一致性	覆盖度
～应对竞争	0.622	0.692	0.750	0.715
应对外部环境变化	0.788	0.799	0.704	0.611
～应对外部环境变化	0.616	0.708	0.769	0.756

注："～"代表逻辑运算中的"非"。

通过表 5.5 可以发现，每一个单项前因条件变量的一致性和覆盖度值都小于推荐的阈值 0.9(Ragin，2008；Schneider 等，2010)，这表明没有单个前因条件变量(动机因素)可以完全解释结果变量(协同创新)。综上所述，没有一个单独的前因条件(动机因素)是结果(协同创新)的必要条件，因此需要进一步将所有前因条件放入 fsQCA 分析协同创新形成的组态模型中。

5.4.3 组态分析

经过模糊集校准和必要条件分析后，初步建立了真值表以列出所有可能促进协同创新形成的组态样本分布(Ragin，2008)。本章中产生了一个有 2^6 行的真值表，其中"6"代表"前因条件的数量"。每一行展示了一个可能的动机因素的组合。研究过程中使用了 2 个标准：频数和一致性阈值(Ragin，2008)来进一步剔除不太重要的动机因素的组合并提取真值表，其中频数阈值为 2，一致性阈值为 0.8。应用 2 个阈值后，fsQCA 基于 Quine-McCluskey 算法生成 3 种可能的解：复杂解(不包括"逻辑余项")、简约解(所有可能帮助简化组态的"逻辑余项")和中间解(基于理论和实践的"逻辑余项"会被纳入解中)，其中中间解是不会消除必要条件，因此其是优于简约解和复杂解的(程建青等，2019)。本章采用中间解来解释组态结果(表 5.6)，并使用简约解来区分核心和边缘条件(Xie 和 Wang，2020)。如果某个前因条件同时在简约解和中间解中出现，则其被视为核心条件，它会对结果的出现产生重要的影响；如果某个前因条件只在中间解中出现，则其被视为边缘条件，它只是起到了辅助作用(杜运周和贾良定，2017)。

表 5.6 协同创新形成的组态路径

研究变量	组态路径 1	组态路径 2	组态路径 3	组态路径 4
互相学习	●	•	●	⊗

续　表

研究变量	组态路径 1	组态路径 2	组态路径 3	组态路径 4
共同应对项目挑战	⬤	⬤	⊗	⬤
提升项目绩效	⬤	⬤	⊗	⬤
获取奖励		⊗	●	●
应对竞争	⬤	⊗	⬤	⊗
应对外部环境变化	●	⊗	⊗	●
一致性	0.880	0.971	0.991	0.965
覆盖度	0.473	0.298	0.291	0.273
唯一覆盖度(Unique Coverage)	0.145	0.021	0.057	0.042
解的一致性(Overall Solution Consistency)	0.885			
解的覆盖度(Overall Solution Coverage)	0.601			

注:带有符号(●)均代表"前因条件出现",其中大圆(⬤)代表"核心条件",小圆(●)代表"边缘条件";带有符号(⊗)代表"前因条件不出现";表中空格代表"前因条件无关紧要,可出现可不出现"。

采用 fsQCA 对数据进行计算后,得到了 4 条促进协同创新形成的组态路径,如表 5.6 所示。4 条组态路径的覆盖度范围从 0.273～0.473,一致性指标分别为:0.880,0.971,0.991,0.965,表明一致性是比较高的(Ragin,2008),且也表明这 4 条组态路径是促进协同创新形成的充分条件。4 个解的一致性值为 0.885,说明包含较大部分案例的 4 条组态路径也是促进协同创新形成的充分条件;4 个解的总体覆盖度值为 0.601,这意味着 4 条组态路径解释了约 60%的协同创新形成的原因。综上所述,这些结果共同表明,这 4 条组态路径可以促进重大工程多主体协同创新的形成。

图 5.2 显示了 4 条组态路径的 *XY* 坐标图;他们构建了有助于重大工程多主体协同创新的复杂因果路径的不对称特性。*X* 轴和 *Y* 轴上的值代表组态的一致性和覆盖度。这些数字表明,中间解中模糊集的分布验证了"这些组态是结果的子集"的说法(Xie 和 Wang,2020)。

为了验证结果的稳健性,通过调整一致性阈值来进行重复实验分析。研究中将一致性阈值从 0.8 调整为 0.85,观察数据分析结果发现与表 5.6 中的结果是一致的。

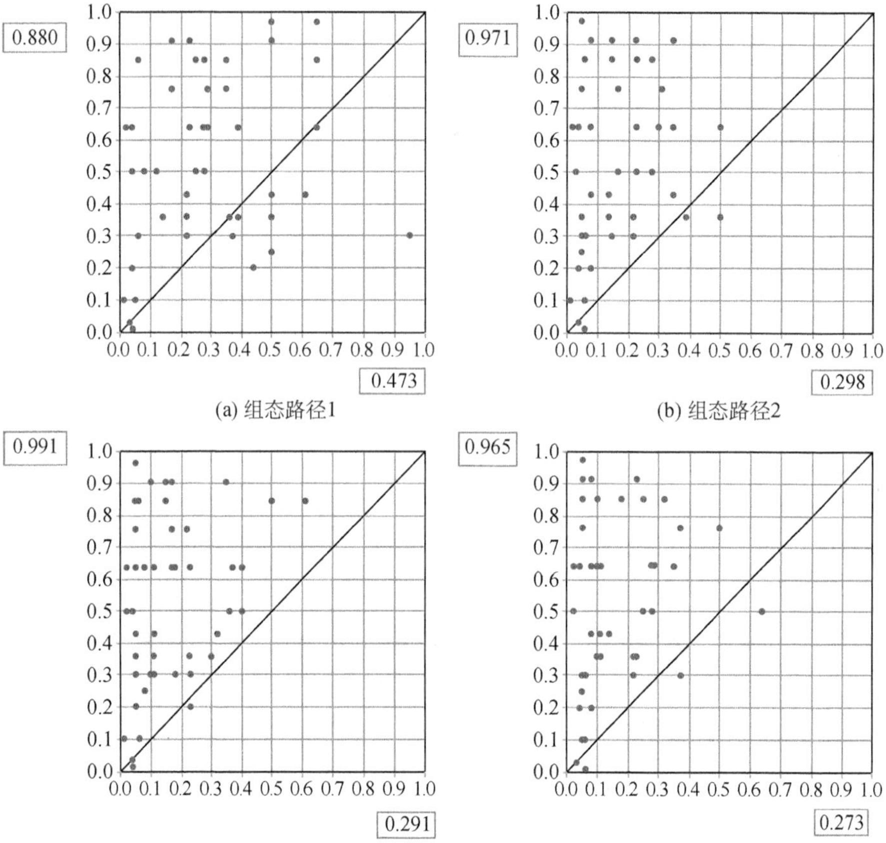

(a) 组态路径1 (b) 组态路径2 (c) 组态路径3 (d) 组态路径4

图 5.2 *XY* 坐标图

5.5 讨论与启示

5.5.1 研究讨论

根据“不存在一个万能的公式”的思想(Shenhar, 2001),本章旨在分析不同动机因素对协同创新形成的“组合效应”以及组态路径。基于资源依赖理论、交易成本理论和复杂性理论,利用协同创新动机识别模型中的 6 个主要动机维度构建了多主体协同创新形成的组态模型,通过 fsQCA 方法开展了分析。本章研究弥补了传统项目管理研究中通常探究单一前因条件对协同创新形成的对称“净作用”效果

(Lloyd-Walker 等, 2014),却忽略了多个前因条件不对称“组合效应”促进协同创新形成的这一研究空白(Callens 等, 2021)。fsQCA 方法非常适用于项目和重大工程项目管理情境,这主要是由于多主体和不同的实践活动是共存且并不相互排斥(Barbosa 等, 2021)。

分析结果表明,存在 4 条促进多主体协同创新形成的组态路径。这一研究结果证明可以通过多种途径促进多主体协同创新的形成,并能有效解决现有的研究差距。研究结果还证实了组态视角下不同的组态路径会产生相同的效果,也即促进多主体协同创新形成有多条等值组态路径(Ning, 2017; Ragin, 2008)。

表 5.6 中的组态路径 1 表明 5 个前因条件(动机因素)的组合:互相学习、共同应对项目挑战、提升项目绩效、应对竞争和应对外部环境变化,有助于促进多主体协同创新的产生。为了方便,将该组态路径称为“系统创新导向型”路径。“系统创新导向型”路径从理论上解释了公司的社会和组织资源依赖(Yan 和 Dooley, 2014)和降低交易成本(Um 和 Kim, 2019)的目的。参与重大工程项目中的每个单位都拥有独特的有形和无形资源库,这有助于它们展示其独特的竞争力(Goh 和 Loosemore, 2017)。例如,设计顾问通常参与各种类型的项目(例如,高速公路、铁路、长桥),可以深入了解最新技术和知识,从而为设计师和主要承包商提供各类支持(Ezeldin 和 Abu-Ghazala, 2007)。该结果进一步表明,多主体分别通过与项目甲方签订合同共同承担项目不确定性带来的风险,由此可以降低交易成本(Um 和 Kim, 2019)。由于签订了合同,每个主体必须遵守合同条款,这既减少了来自预期或意外变化(例如法规的变化、技术的变化)的主要不确定性和其他利益相关者的机会主义,也增加了其获得奖励的可能性(Li 等, 2013)。一个例子可能是重大工程项目中的系统创新,例如港珠澳大桥中引入“大型化、工厂化、装配化”建设方案,提高效率的同时也减少了对环境的破坏;北京大兴机场中采用“数字三维仿真模拟技术”搭建主航站楼钢结构。在系统创新中,组织、公司必须整合和共享新技术和异构资源的知识,以避免失败、减少不确定性和挑战,并提高生产力(Lekan 等, 2020)。

组态路径 2 包括互相学习、共同应对项目挑战、提升项目绩效。为了方便,将该组态路径称为“激进式创新导向型”路径。“激进式创新导向型”路径适用于重大工程项目中的激进式创新,典型案例如港珠澳大桥沉管隧道中采取的“半刚性”管节方案,打破了以往“刚性”和“柔性”2 种管节方案,通过不剪断串联节段的预应力钢筋且利用其预应力来应对海底淤泥淤积带来的影响。在激进式创新中,很少有组织或公司能够独立承担巨大挑战并交付项目(Zhang 和 Qiu, 2018)。通常,业主通常会邀请一些潜在的投标人,并要求他们建立联合体或联盟,以进行创新并完成项目(Zhang 和 Qiu, 2018)。因此,多主体协同创新的主要驱动力是来自交易成本经济学角度的知识和资源共享、减少不确定性、解决具有挑战性的建设问题以及提高项目绩效(Um 和 Kim, 2019)。

通过组态路径 3 可以发现,互相学习、获取奖励和应对竞争这一组合可以促进多主体协同创新。为了方便,将该组态路径称为“二级供应商创新导向型”路径。“二级供应商创新导向型”路径表明,作为一个理性的经济人(Wang 等, 2020),多主体依赖外部资源来提高竞争力并实现生存(Li 等, 2012)。通常,二级供应商根据一级供应商的要求提供材料、设备和信息(Winch, 2014),其与业主没有直接的联系和关系,一级供应商通常充当系统集成商(Winch, 2014)。在这种情况下,二级供应商可以抓住与一级供应商合作的机会,来积累经验、知识和社会资源,从而不断提升其在市场中长期生存的竞争力;同时,二级供应商也可以利用一级供应商设置的奖励条款来获取金钱或非金钱的奖励,为自身积累基础。典型案例,例如:美的集团按照大兴机场的情况,量身定制了几款高效、节能且环保的变频离心式冷水机组以及螺杆式水源热泵机组等方案。

组态路径 4 表明,共同应对项目挑战、提升项目绩效、获取奖励和应对外部环境变化的组合共同促进多主体协同创新。为了方便,将其称为“模块化创新导向型”路径。“模块化创新导向型”路径可用模块化或结构式创新来解释。模块化或结构式创新可能只需要在概念或组件内进行相对较小的更改,并且对其他组件和系统的影响有限(Slaughter, 1998)。在这种情况下,作为所有者代表的业主通常会在合同中提出详细的要求,各主体通常需要协作才能完成目标(Haaskjold 等, 2020)。从交易成本的角度来看,协同创新有助于实现项目目标,减少机会主义和风险,降低交易成本,增加利润。

本章研究有以下 3 个理论贡献。

首先,在重大工程情境下,通过使用组态分析识别出 4 条等值的动机因素组态路径,本章提供了促进多主体协同创新形成的不同见解。现有协同创新研究主要集中在级联效应(如 Zhang 等, 2021),项目网络视角下的协同结构和关键参建主体(如 Zhang 等, 2020),网络视角下协同创新的内在机制(如 Xue 等, 2018),协同创新的动机因素(如 Chen 等, 2021)。尽管动机因素或驱动因素被认为是激励多主体参与协同创新的重要决定因素(Chen 等, 2021),以及现有文献发现协同创新可以促进项目绩效的提升(Greco 等, 2021),但有关协同创新动机因素的“组合效应”是如何促进多主体协同创新的形成仍未得到深入探讨。本章通过系统分析,总结出 4 个动机因素的组合,以促进重大工程项目中的多主体协同创新的形成。这些不同动机因素的组合会对多主体协同创新产生不同的作用(Fernandes 和 Remelhe，2016)。总而言之，本章延伸了第 4 章的研究发现，通过总结促进重大工程项目多主体协同创新形成的 4 个不同动机因素组合来拓展研究发现。

其次，根据不同动机因素组合的特点以及基于变化的幅度的创新划分，本章通过分析发现，"组态路径 1"为互相学习、共同应对项目挑战、提升项目绩效、应对竞争和应对外部环境变化适用于系统创新；"组态路径 2"为互相学习、共同应对项目挑战和提升项目绩效适用于激进式创新；"组态路径 3"为互相学习、获取奖励和应对竞争适用于二级供应商的创新；"组态路径 4"为共同应对项目挑战、提升项目绩效、获取奖励和应对外部环境变化适应于模块化或结构式创新。该研究结论扩展了关于创新类型与创新形成模式的匹配分析，但基于获得的数据只总结了 4 类协同创新形成模式，未来的研究可详细探索多种协同创新形成模式与创新类型之间的匹配关系，从而为实践提供更多理论指导。

再者，不同于现有关于协同创新动机因素的对称"净作用"效果和权变视角下的研究，本章采用 fsQCA，证明存在促进多主体协同创新形成的多条不对称的等值组态路径。先前关于协同创新的研究侧重于定性分析(例如 Laage-Hellman 等，2021)或定量分析(例如 Liu 等，2021)，然而，他们忽略了将定性和定量方法有机结合，可以更全面、更深入地研究变量之间的关系及对结果产生的作用。本章采用 fsQCA 这一定性和定量结合的方法来研究重大工程项目情境下多主体协同创新动机因素与协同创新形成模式之间的关系，从而扩大了 fsQCA 在重大工程项目协同创新领域的使用，具有一定的理论贡献。

5.5.2 管理启示

本章分析得到的 4 条协同创新形成的组态路径，可以帮助项目管理人员更好地理解如何通过组合不同动机因素来促进协同创新形成并不断提升协同创新的水平。反过来，了解促进协同创新形成的组态路径还可以帮助项目管理人员找到提高创新绩效，甚至进一步促进项目绩效的有效方法。每个动机因素在促进多主体协同创新方面都具有不可忽略的重要作用(Chen 等，2021)，项目管理人员在实践中仅采用某个动机因素来促进协同创新的情况是很少见的。因此，项目管理人员需要根据实际情况，提前将各种动机因素有机结合，采取有效措施以促进多主体协同创新的形成，并不断提升创新产出。

在重大工程项目情境下，业主可以根据不同的创新类型采用不同的动机因素组合。对于那些激进式创新，业主应谨慎选择潜在供应商，在合同中对协同创新的形式和绩效指标提出详细要求，并建立促进协同创新的知识管理体系。参建主体(如总承包商、设计师、顾问)可以在几乎不产生交易成本的情况下，抓住机会学习、集成最先进的技术和知识，提高竞争力，应对快速变化的技术与市场环境。对于系统创新，业主可以通过提出详细的协同创新要求、知识管理要求和效率提升要求，来激励利益相关者参与不同的协同创新活动。参建主体应遵循指示，快速适应外部变化。对于二级供应商来说，可以抓住重大工程项目协同创新的机会，帮助他们获得相应的奖励或知识，并进一步提高竞争力。对于模块化或结构式创新，业主需要仔细分析潜在用户需求，针对性地开发新产品或新服务；参建主体可以借机进入新市场，拓展自己的业务范围。

5.6 本章小结

重大工程在很大程度上依赖于多主体间紧密的协同创新来实现项目目标。现有研究大多采用回归分析或结构方程建模等对称分析方法，重点研究单个动机因素对多主体协同创新形成的“净作用”效果，却忽视了几个前因变量交互作用下的组合作用效果。本章基于资源依赖理论、交易成本理论和复杂性理论，利用第 4 章提炼的协同创新动机识别模型中的 6 个主要动机维度构建了重大工程多主体协同创新的组态模型，以探讨多个动机因素共同促进多主体协同创新形成的组态路径。首先，基于第 4 章的研究结果以及文献综述构建了重大工程多主体协同创新的组态模型，并通过目的性抽样以及滚雪球抽样的问卷发放方式收集了重大工程实证数据。随后，基于组态视角下的 fsQCA 方法开展了分析，得到了重大工程多主体协同创新形成的 4 条等值组态路径：①互相学习、共同应对项目挑战、提升项目绩效、应对竞争和应对外部环境变化；②互相学习、共同应对项目挑战和提升项目绩效；③互相学习、获取奖励和应对竞争；④共同应对项目挑战、提升项目绩效、获取奖励和应对外部环境变化。4 条组态路径的覆盖度范围从 0.273～0.473，一致性指标分别为：0.880、0.971、0.991 和 0.965，表明 4 条组态路径是促进协同创新形成的充分条件。4 条组态路径分别适用于系统创新、激进式创新、二级供应商创新、模块化或结构式创新的形成。研究结果尝试打开重大工程多主体协同创新形成的“黑箱”，也为重大工程实践者提前采取有效应对措施来促进协同创新的形成提供了实践建议。

第6章

重大工程多主体协同创新动态演化

重大工程多主体协同创新是动态演化的，其动态演化过程主要由多主体间的互动过程决定，而多主体间的互动过程又受到协同创新系统内、外部影响因素的作用。本章基于复杂性与复杂适应系统和利益相关者相关理论，首先构建了包含“影响因素-主体行为-系统动态演化”的重大工程多主体协同创新动态演化框架，在此基础上利用重大工程实践数据开展了纵向案例分析，并与现有研究发现进行对比，通过归纳和演绎的循环迭代过程提炼出重大工程多主体协同创新动态演化模型。研究发现，重大工程多主体协同创新的演化过程可分为形成、发展、成熟和再创新4个阶段；重大工程项目中多主体的显著性和功能角色在协同创新系统演化过程中也呈现出动态变化的特点；影响因素包括但不限于知识共享、知识转移、知识整合、共同的项目战略目标、项目文化和沟通等。本书揭示了重大工程多主体协同创新“为什么”以及“怎么样”动态演化的内在机理，同时也为实践中通过“伙伴关系”以及轮流领导等方式来管理协同创新提供了实践建议。

6.1 多主体协同创新动态演化概述

在重大工程项目中，大量的参建主体，包括建筑行业的传统参建主体(例如施工单位和设计单位)以及大学、安全部门等都参与到协同创新中，以确保重大工程项目的成功交付(Dodgson 等，2015)。多主体在重大工程的不同阶段拥有不同的属性(例如权力性、合法性和紧迫性)(Olander 和 Landin，2005)，并且在不同阶段也扮演着不同的功能角色。已有文献在分析多主体协同时，利用组织间协同网络对多参建主体的动态性展开了分析。Qiang 等(2021)采用了随机行动者模型来研究绿色建筑项目实施中协同网络的演变。Missonier 和 Loufrani-Fedida(2014)展示了利益相关者网络从收敛到渐进式发展，最后到衰退的演变过程。Gil 和 Fu(2021)探索了重大工程项目多主体组织治理结构的演变，根据对 3 个英国重大工程项目的分析结果，将其分为 4 种主要的治理适应性。Chen 等(2020)分析了重大工程创新生态的 4 个演化阶段：诞生阶段、发展阶段、成熟阶段和更新(或死亡)阶段，并详细总结了作为领导者的业主在创新生态系统中主要作用的变化。这些文献对分析多主体动态变化形成的系统构成和系统结构的演化分析提供了参考价值(Xue 等，2018)。然而，很少有研究关注多主体的显著性和功能角色的动态变化以及协同创新的发展演化，尤其是聚焦于重大工程项目情境下的研究就更少。这是不可思议的，因为重大工程创新“必须应对不断变化的当前运营要求并预测项目完成多年后的未来状况”(Dodgson 等，2015)。因此，本章将研究分析多主体的显著性和功能角色随协同创新系统发展的动态演化。

为了解决这个问题，本章基于港珠澳大桥项目开展了案例研究。港珠澳大桥所处自然环境恶劣，跨越具有不同社会制度、文化背景的粤、港、澳三地，具有高复杂性，因此是一个合适的案例。此外，港珠澳大桥的复杂性使得其需要国内外相关行业的企业合作完成项目建设目标。本章将聚焦于港珠澳大桥中的技术创新、产品创新、流程创新、工艺创新以及组织创新展开分析。

6.2 多主体协同创新动态演化理论模型

本节基于一般管理领域和项目管理领域有关利益相关者显著性与功能角色、协同创新系统的相关文献，结合系统动态演化视角，构建了研究框架模型。

在利益相关者分类方面，现有的项目利益相关者文献提供了基于动机、属性以及行为等的利益相关者分类理论基础(Amir 等，2019；Mitchell 等，1997)。Mitchell 等(1997)引入了 3 个属性：权力性、合法性和紧迫性，以区分利益相关者的显著性并对其分类。按照显著性方法可以将利益相关者分为确定型利益相关者、预期型利益相关者和潜在型利益相关者 3 类。其中，确定型利益相关者是指同时拥有权力性、合法性和紧迫性 3 个属性的利益相关者。预期型利益相关者拥有 3 个属性中的 2 个(例如，拥有权力性和合法性，或权力性和紧迫性，或合法性和紧迫性)。潜在型利益相关者只拥有 1 个属性。基于 Mitchell 等(1997)的理论，本章在分析重大工程创新的利益相关者时，根据其显著性将其划分为确定型利益相关者、预期型利益相关者和潜在型利益相关者3类。采用该模型的原因之一是因为Mitchell等(1997)的模型在不同情境下得到了实证验证，也包括基础设施项目和重大工程项目(Goel等，2020；Nguyen等，2018)；原因之二是因为项目管理人员也可以基于该模型分析利益相关者显著性的变化并管理利益相关者关系(Yang和Shen，2015)。

利益相关者的功能角色描述了利益相关者对实现某些目标的影响(Chen等，2020)，例如，为设计独特的摩天大楼提供必要的资源支持。在协同创新中具有不同显著性的利益相关者通常扮演不同的功能角色(Pauget和Wald，2013)。本书基于Lu等(2014)的分析，将利益相关者的功能角色分为3种类型，分别为主导者、参与者和机会主义者。主导者是在资源整合和创新活动实施中发挥最重要作用的利益相关者，参与者是参与创新并为主导者提供必要支持的利益相关者，机会主义者是比参与者贡献更少的利益相关者。

动态演化将演化过程视为多个主体间及其与内、外部环境间多层级的互动过程。实践中，多主体在不同活动中起到了不同的作用，这主要是由于其自身所掌握的资源以及专业方向不一致所导致的。同时，项目情境下的市场活动具有阶段性，在不同阶段具有不同的项目任务。已有的一般管理或者项目管理文献分别从多主体与环境、多主体间的交互角度探究了协同创新系统动态演化。Missonier和Loufrani-Fedida(2014)基于利益相关者网络的角度，分析了其从收敛到渐进式发展，最后到衰退的演变过程。房银海和谭清美(2021)基于利益相关者网络关系将企业的协同创新分为萌芽期、扩展期、成熟期和更替期，并且指出不同阶段在创新主体的数量、主体间的关系强度以及协同创新网络开放度等相关方面都存在一些差异与不同。

分析发现，多主体协同创新是动态演化的，其动态演化过程主要由多主体间的互动过程决定，而多主体间的互动过程又受到协同创新系统内、外部影响因素的影响。基于此，本章将聚焦于重大工程多主体协同创新动态演化研究问题，从影响重大工程情境下协同创新系统内、外部因素出发，分析其所带来的多主体协同创新行为的变化，主要体现在其显著性和功能角色的变化，来深入剖析多主体协同创新动态演化的内在机理。基于协同创新研究理论成果及实践数据分析，本章提出基于利益相关者理论、复杂性与复杂适应系统，包含“影响因素-主体行为-系统动态演化”的重大工程多主体协同创新动态演化研究框架模型，模型如图6.1所示。

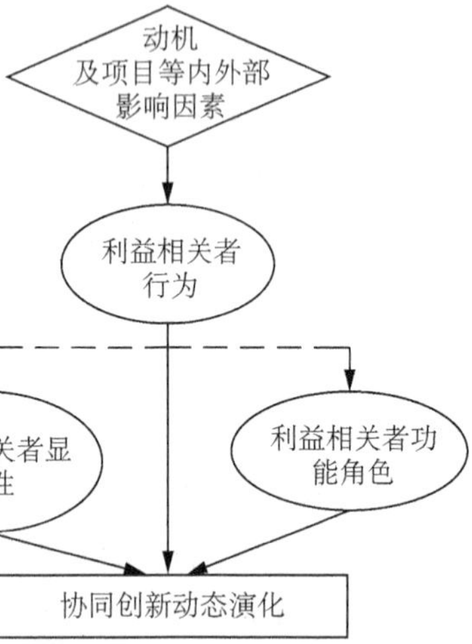

图 6.1　协同创新动态演化研究框架模型

6.3　案例研究法选择原因与数据收集过程

6.3.1　纵向案例研究法选择

本章采用纵向案例研究法探索重大工程多主体协同创新动态演化研究问题。

纵向案例研究法是社会科学，包括管理学研究中广泛采用的重要方法，这是因为其被视为从大量定性数据过渡到主流演绎研究的最佳桥梁之一。纵向案例研究法比较适用于研究“为什么”以及“怎么样”的问题（Yin, 2003）。纵向案例研究法已经被非常广泛地应用到理论模型构建，这主要是因为其通常用于比较前沿或者新兴的研究理论，当现有理论不足时通过分析某个或某几个典型案例的数据可快速追踪前沿的管理现象，从而用演绎与归纳理论用来指导管理实践，这些是定量研究无法比拟的（张镒等, 2018）。近年来，我国研究学者广泛采用这种方法来深入探索我国情境下的创新创业和组织管理中的新现象以及新问题。

本章采用纵向案例研究方法原因有 4 个。其一，本章旨在回答多主体协同创新是如何演化的问题，然而目前与重大工程多主体协同创新相关的研究比较少，难以基于已有文献和经验数据进行探讨,更加适用于基于重大工程实践而涌现的案例研究方法(陈宏权等, 2020)。同时,案例研究非常适合探究“为什么”以及“怎么样”问题(Eisenhardt, 1989; 彭新敏, 2022),能够揭示多主体协同创新背后的理论逻辑关系。其二,本章分析的多主体协同创动态演化过程涉及形成、发展、成熟和再创新 4 个阶段,而纵向案例研究特别适合对主分析单元发展过程中的子分析单元进行系统分析,从主分析单元入手进行问题的界定,通过对子分析单元的研究,最终回归到主分析单元来揭露所选取案例的异质性主体间的互动情境和演变过程,从而以时间序列的数据来解释主分析单元“怎么样”的问题(江积海等, 2022)。其三,纵向案例研究能够捕捉和追踪实践中具有一定深度的数据,得到问卷调研或纯二手数据中可能会错失掉的一些细节,通过寻求多方的证据支持,可以比较系统和全面地剖析、归纳、提炼、演绎、推理并验证复杂现象背后所存在的时间序列维度上的普遍性规律以及一般性的结论(颉茂华等, 2022),能够帮助以相对全面和整体的视角去展示我国重大工程情境下多主体协同创新的动态演化过程,为进一步提升我国重大工程协同创新绩效和项目绩效提供有效的借鉴。其四,纵向案例研究在对研究对象的系统考量以及深入探究方面的优势是定量研究法无法匹敌的(乔晗等, 2020),同时纵向案例研究法和定量研究法在本书中的应用可以达到相互促进、取长补短的目的。基于此,本书协同创新定义为主分析单元,将多主体定义为子分析单元,基于访谈方式来识别重大工程中多主体协同创新的相关情形,利用实证数据、协同创新相关理论和研究者的经验,从纵向动态角度来归纳、提炼、演绎和验证多主体协同创新的动态演化这一理论与实践问题。

本章选取港珠澳大桥作为纵向案例研究样本,主要原因有以下 3 点。其一,考虑样本的典型性。港珠澳大桥是国内近几年建成的,具有世界影响力的典型重大工程项目代表。港珠澳大桥是香港特别行政区、澳门特别行政区和广东省珠海市 3 个地方政府联合建设的首个跨海超大型基础设施项目。港珠澳大桥位于珠江口伶仃洋海域,该区域自然环境恶劣,工程地质条件较差。2018 年港珠澳大桥建成后,它创造了许多世界级的成就,如它是中国迄今为止投资最高(超过 170 亿美元)的桥梁。鉴于大桥建设承担了前所未有的挑战,港珠澳大桥为本章研究提供了丰富的实践数据,例如技术创新、流程创新、组织创新等数据(Qiu 等, 2019; Zhu 等, 2018)。其二,考虑样本的普适性。与其他重大工程一样,港珠澳大桥通过多主体协同创新实现项目建设目标的案例中囊括了多主体协同创新的每个阶段。从港珠澳大桥前期规划一直到建成、交付和使用这一长时间周期内,数百家建筑相关单位、研究单位和大学等参与创新活动,并以不同的组织间协同方式开展了系统的创新，如联合体（典型的包括初步设计联合体、设计及施工咨询联合体）和长期伙伴关系等。通过分析港珠澳大桥样本数据，可以得出有助于加深对重大工程多主体协同创新动态演化这一类现象理解的结论。其三，考虑数据的可获得性。研究者参与港珠澳大桥创新、国际合作等相关研究，获得了比较系统、全面的数据。

6.3.2 数据收集

为了保证样本数据的信度和效度，本章通过多源数据（包括访谈、档案资料、各种公开资料、学术文献及书籍）来保证效度，通过制订研究计划、构建实证数据库、开展研究、结果呈现与已有理论对比、优化等归纳与演绎迭代的过程来保证信度。同时，在研究中基于一手数据（主要指访谈数据）来构建理论和验证二手数据（主要指档案资料和各种公开资料等）的有效性，以保证研究数据和研究结果的真实性和适用性。在研究过程中，通过团队研讨、校核的方式来降低个人的主观性，即团队多名研究人员开展"背靠背"分析，以提升理论构建的合理性。

为了确定项目中的创新活动和利益相关者，首先采取数据检索方式获取了326份档案文件（详见表6.1），并对文本数据进行初步分析，这些数据帮助大致了解项目的发展历程、多主体协同创新过程以及多主体的显著性和功能角色的部分变化。

表6.1 主要文本数据

类型	具体内容	文档数量
档案资料	管理局及参建单位研究报告	30
	管理局年度总结资料	5
刊物	港珠澳大桥杂志1～48期	48
网络资料	港珠澳大桥官方网站	157
	中交港珠澳大桥项目	79
	在线新闻门户（如人民网、新华网）的新闻报道	56
	"港珠澳大桥"纪录片	1
学术文献及书籍	中文期刊论文	16
	英文期刊论文	8
	相关书籍	5

在 2019 年 11 月—2020 年 3 月期间，开展了第一轮半结构化访谈，从而帮助收集更多相关数据并帮助其加深对文本数据的了解，并剔除不符合事实的文本数据。受访者样本包括管理局 2 名高管人员（各 2 次）、2 名施工单位项目经理（各 1 次）、设计单位项目经理（1 次）和咨询单位项目经理（1 次）。每次访谈持续约 60～90 min，并经过受访者同意录音，访谈后进行转录。每次访谈旨在调查开展的创新活动、创新的参建主体，创新过程及各主体的功能角色或职责。为了提高访谈的效率和质量，研究者在梳理文献综述和文本数据的基础上，以创新为重点，制订了访谈提纲。访谈提纲围绕几个主题构建了相关的访谈问题，主要包括：①对创新及重大工程创新的理解；②港珠澳大桥项目的创新活动和创新管理；③某项创新活动中的参建主体；④某个主体在某个创新活动中所扮演的功能角色或职责。每次访谈结束都根据受访者的回答针对性地调整访谈问题与提纲。

为了确定参与创新的关键主体，研究者还邀请了参与大桥项目的 17 名管理局的高管人员、7 名施工单位的管理人员、3 名监理单位的管理人员、3 名咨询单位的专家、2 名供应商的高管人员和 2 名大学教授开展问卷调查。问卷调查列出了项目不同阶段中的主体，并要求专家根据实践经验选择在创新中发挥重要作用的关键主体。

在研究过程中，遵循数据收集、数据显示、数据归纳、发现结论、与已有结论对比的归纳与演绎迭代方法对数据进行探究。因此，在收集数据后，先基于混合方法编码，包括演绎（从文献中形成主题）和归纳编码（从数据本身形成主题）对数据进行了编码并抽象相关概念，以达到主题分类并形成理论式主题的研究目标。编码软件为 Nvivo 12。为确保一致性，一名研究者在其他研究者的监督下对所有数据进行了编码，编码完成后所有研究者一一检查了编码结果，并与原始数据进行了对比。如果在核对过程中发现意见有分歧，研究者一起讨论或咨询港珠澳大桥的实践人员。通过这种方式，可以确认与研究有关的数据，这将有助于初步解决研究问题。随后，研究者将编码得到的主题通过归纳与演绎迭代的方法，得到聚合后的理论式主题。

为了确保理论饱和以便进行验证，在 2021 年 5—7 月期间，研究者再次联系未参加第一轮半结构化访谈的专家开展第二轮访谈。本次访谈共邀请了来自咨询单位、运营单位、管理局和大学的 4 名专家，每名专家访谈一次，访谈时间为 60 min 左右，访谈过程中经过受访者允许进行了录音，在访谈结束后整理访谈内容并与聚合后的理论式主题进行对比，直到没有新的信息出现。

6.3.3 案例背景

1）港珠澳大桥简介

港珠澳大桥是香港特别行政区、澳门特别行政区和广东省珠海市 3 个地方政府联合建设的首个跨海超大型基础设施项目。港珠澳大桥位于珠江口伶仃洋海域，该区域自然环境恶劣，工程地质条件较差。港珠澳大桥全长 55 km，包括 22.9 km 长的桥梁段、5.664 km 长的海底隧道工程段、2 个人工岛、香港口岸及香港连接线、澳门口岸及澳门连接线、珠海口岸及珠海连接线。5.664 km 长的海底隧道工程是工程中最难的一部分，它由埋在海床以下 22 m 的 33 节巨型预制沉管和 1 个合龙段最终接头组成。隧道在其服务周期中承受着巨大的压力（约 100 kPa）（Lin 等，2021）。2018 年港珠澳大桥建成后，它创造了许多世界级的成就，如它是中国迄今为止投资最高（超过 170 亿美元）的桥梁。鉴于大桥承担了前所未有的挑战，港珠澳大桥为本章研究提供了丰富的创新案例，例如技术创新、流程创新和组织创新等（Qiu 等，2019；Zhu 等，2018）。本章聚焦于港珠澳大桥项目中的技术创新、产品创新、流程创新、工艺创新和组织创新进行深入分析。

数百家建筑相关单位、研究单位和大学等参与创新活动，并以不同的组织间协同方式开展了系统的创新，如联合体（典型的包括初步设计联合体、设计及施工咨询联合体）和长期伙伴关系等。对于联合体而言，联合体牵头单位必须是我国内地企业，成员单位可以是来自世界各地的优秀企业。合作伙伴关系由港珠澳大桥管理局（下称“管理局”）在项目管理框架中提出，旨在严格履行合同的基础上，推行协同、共赢的合作伙伴理念与实践。这些方法在某种程度上均促进了多主体间的紧密合作。因此，港珠澳大桥被参建主体和研究人员认为是研究协同创新的典型案例（Chen 等，2020）。考虑港珠澳大桥的技术挑战和组织复杂性，本章将基于港珠澳大桥项目开展深入的研究。

港珠澳大桥项目于 2003 年 8 月正式开始前期相关工作，2018 年 2 月工程建设竣工，随后交付管理局进行运营。项目前期及建设期，先后成立了港珠澳大桥前期工作协调小组（以下简称“前期工作小组”）、港珠澳大桥专责小组（以下简称“专责小组”）、港珠澳大桥三地联合工作委员会（以下简称“三地委”）和管理局 4 个决策及协调管理组织（图 6.2）。前期工作小组由粤港澳三地政府于 2003 年 8 月成立，负责全面开展大桥建设方案的前期工作，是一个重要的发起人。专责小组于 2006 年 12 月成立，由国家发展和改革委员会牵头，主要负责协调粤港澳三地在港珠澳大桥上的利益分配和其他相关事宜，专责小组也是一个重要的发起人。2010 年 5 月，由广东省作为召集人的三地委成立，作为新的发起人，承接了港珠澳大桥前期工作小组的后续工作。管理局于 2010 年 7 月获得广东省事业单位登记管理局颁发的《事业单位法人登记证书》，作为业主负责项目建设、运营和维护工作。

图 6.2　决策及协调管理组织演变图

2）港珠澳大桥创新

港珠澳大桥项目创新是项目管理纲要的一部分。在立项阶段，咨询单位和研究机构开展了 80 余项专题研究，特别是与三地技术标准不一致的有关内容的专题研究。在项目实施阶段，分别开展了“港珠澳大桥跨海集群工程建设关键技术研究与示范”项目、业主组织的专题研究项目和承包商自行组织的专题研究项目 3 个层次的创新研究。其中，“港珠澳大桥跨海集群工程建设关键技术研究与示范”项目包括 5 个课题，19 个子课题。5 个课题的名称分别如下。

（1）外海厚软基大回淤超长沉管隧道设计与施工关键技术。

（2）外海厚软基桥隧转换人工岛设计与施工关键技术。

（3）海上装配化桥梁建设关键技术。

（4）跨海集群工程混凝土结构 120 年使用寿命保障关键技术。

（5）跨境隧—岛—桥集群工程建设管理、防灾减灾及节能环保关键技术。

这 5 个创新课题分别由 5 个联合体根据创新要求和项目目标开展，先后共有 27 家企事业单位参与其中，涵盖了与项目建设相关的桥、岛、隧工程全产业链的研发团队与工作者，针对具体问题开展了全面、系统的技术攻关研究，从而为大桥打造品质工程保驾护航。“港珠澳大桥跨海集群工程建设关键技术研究与示范”项目列入了国家科技支撑计划项目，由交通运输部组织实施①。

为了激发创新活力及管理创新活动，项目中不仅采用了“专责小组-三地委-管理局”组成的三级创新协调与决策管理机制，而且管理局内部还建立了包括“管理

① http://gcjx.hzmb.org/cn/bencandy_23.html.

局-参建单位”两级技术管理体系的项目创新管理框架。管理局专门设置港珠澳大桥创新活动领导岗位，负责制定创新计划、审批创新相关制度、协调并管理项目创新中遇到的各类重大问题。参建单位也分别设置或指定了相关的部门或者机构作为二级创新管理机构。

6.4 案例数据分析与结果

6.4.1 协同创新演化阶段

2003—2020年期间，随着项目实施及多主体间关系的动态变化，港珠澳大桥项目协同创新系统经历了4个阶段，包括形成阶段、发展阶段、成熟阶段和再创新阶段。

在形成阶段，政府有关部门、前期工作小组、专家和中介服务机构（例如工程咨询公司）合作确定项目目标和方案，并参与前期创新活动（例如确定桥位及着陆点，提出项目管理制度框架）。03号受访者谈道：

> 在项目早期，由前期工作小组组织开展了几十项专题研究来论证各项决策问题，尤其是与项目可行性（例如大桥桥位与着陆点）相关的问题……由于香港特别行政区、澳门特别行政区和内地的建设法律、建设目标不完全一致，很多决策问题面临巨大挑战。

通过分析发现，参与协同创新系统形成阶段的主体是比较少的，且基本由某一个或两个利益相关者主要负责某项创新活动，彼此之间联系也比较少，协同创新系统是分散的。该阶段的项目战略目标为促进多主体协同创新奠定了战略基础，也成为促进项目顺利实施的重要保证。

在发展阶段，政府有关部门、前期工作小组、专责小组、设计单位、施工单位、专家、中介服务机构等融入协同创新系统中。在多主体的共同努力下，作出了许多创新，例如引入全过程工程咨询服务，调整我国内地企业与国际公司的合作模式以适应我国内地建设法律法规的要求；构建伙伴关系，营造伙伴关系文化氛围；打造项目创新文化，提倡全主体创新。通过分析发现，这一阶段主体的数量有所增加，协同创新系统也得到了发展，但各主体之间仍然是相对分散的，很多没有直接联系。

因此，系统创新系统在发展阶段呈现了一个个“孤岛”的形式。

在成熟阶段，管理局、施工单位、设计单位、供应商、制造商和中介服务机构等均密集参与到项目建设中，为实现建设项目目标而共同努力。在管理局的领导下，多主体形成了合理的利益与成本分担机制，通过协同的方式来改进或者作出创新，如人工岛快速成岛、工厂法沉管预制厂、“半刚性”沉管管节结构、外海沉管安装的成套技术等多项世界级的创新。在这个阶段，多主体有相对紧密的动态稳定性关系，协同创新系统是开放的、动态平衡的。

随着项目于 2018 年 2 月交工验收并进入试运营阶段，多主体慢慢退出项目，他们之间的正式关系开始解体，部分主体联合起来开始参加其他大型交通项目的建设（如特瑞堡与中国交通建设集团有限公司合作建设大连湾海底隧道①）。因此，协同创新系统进入再创新阶段。

为完成创新任务，多主体在协同创新系统形成过程中发展了动态能力，如搜索、选择、配置、部署和学习能力（Dodgson 等，2015）。这些行动的主要目的是收集世界各地的前沿信息和类似经验，总结类似项目成功之道，以获得开展创新所需的资源，根据大桥实际需求选择创新路径，形成创新的想法。03 号受访者指出：

在前期和建设的过程中，我们注重工程业界知识的学习和管理，可以说世界上的超级工程我们基本都有去现场考察过，包括国内 2007 年通车的杭州湾大桥、长江上的一些桥、桥岛隧结合的厄勒海峡通道、韩国釜山大桥，以及美国的欧洲的重大工程项目……港珠澳大桥的调研是非常深入的，我们是带着问题、需求去的，有的人是带着潜在解决方案去的，旨在跟不同单位或者专家请教、交流。

6.4.2　关键主体识别

港珠澳大桥建设项目各阶段关键主体如表 6.2 所示，该表展示了基于专家选择结果的关键主体。从表中可以发现，不仅传统的建筑项目主体（例如设计单位、施工单位），而且来自其他行业的主体（例如气象和 IT 服务提供商）也参与到项目中，并且作为关键主体推动港珠澳大桥项目创新。按照他们在项目中属性的不同，可以分别划分为政府方（包含政府有关部门、专责小组和三地委）、业主方（指前期工作小组、管理局）、设计施工与供应方（包含设计单位、施工单位和供应商/制造

① https://www.trelleborg.cn/zh-cn/media/2021/dalian_bay.

商)、专业咨询方(咨询单位、监理单位、气象和 IT 服务提供商和专家)以及科研方(研究机构和大学)。

表 6.2 港珠澳大桥建设项目各阶段关键主体

关键主体	形成阶段	发展阶段	成熟阶段	再创新阶段
政府有关部门	√	√	√	√
前期工作小组	√	√		
专责小组		√	√	
三地委			√	√
管理局			√	√
设计单位		√	√	
施工单位		√	√	
咨询单位	√	√	√	√
研究机构和大学		√	√	√
专家	√	√	√	√
监理单位			√	
供应商/制造商			√	
气象和 IT 服务提供商			√	

4 个协调与决策组织:前期工作小组、专责小组、三地委和管理局先后作为协同创新系统生命周期的关键主体,开展了一系列创新活动,典型创新活动示例如表 6.3 所示。

表 6.3 典型创新活动示例

创新活动	示 例
制度复杂性的治理	前期工作小组意识到港珠澳大桥项目法律环境的特殊性,聘请全阶段法律顾问,对投融资模式、口岸模式等重大问题及时作出决策(05 号受访者) 为减少政治复杂性和监管复杂性的负面影响,港珠澳大桥在不同阶段先后设立了前期工作小组、专责小组、三地委和管理局,以应对项目多样化的制度需求(Qiu 等, 2019)
提升项目管理方案	前期工作小组整合了"孙子兵法"的思想提出了新的项目管理制度框架(08 号受访者) 采用由"专责小组-三地委-管理局"组成的三级建设协调与决策管理机制,对港珠澳大桥项目进行有效管理(受访者 09)

续　表

创新活动	示　例
优化建设理念	针对项目特点，提出“全生命周期规划、需求引导设计；大型化、标准化、工厂化、装配化；立足自主创新，整合全球资源；绿色环保、开放共享、可持续发展”的建设理念来指导工程实践(Zhu 等，2018)
提升合同和项目交付管理方法	岛隧工程采用设计—建造交付管理方式，桥梁工程推广大标段施工承包理念，交通工程采用系统集成的总承包模式(Zhu 等，2018) 我们提出了在严格履行合同的基础上，推进协同创新、共赢、共同发展的“伙伴关系”(受访者 05)

政府有关部门也是协同创新系统全生命周期中的关键主体，因为他们作出建设港珠澳大桥项目的决定，提供资金和资源扶持，召集专家审查不同的创新方案和建议等。03 号受访者谈道：

为了解决香港特别行政区、澳门特别行政区和广东省之间的交通问题，中央政府相关部门(如国家发展和改革委员会)组织专家评估了建设跨海大桥的可行性……在港珠澳大桥项目建设过程中，政府有关部门对各项创新活动给予了大力支持，包括提供项目资金、设立“国家科技支撑计划”研究项目来解决建设项目中最困难的部分。没有这些，被英国卫报评选为“现代世界七大奇迹”之一的港珠澳大桥是很难建成的。

专家、咨询单位、监理单位和气象和 IT 服务提供商在系统各阶段均与其他主体合作制定创新解决方案，他们已经成为项目中重要的创新方案贡献者和价值创造者。05 号受访者解释道：

从项目前期策划阶段开始，咨询单位针对具体建设难题，推荐了许多创新的建设方法和技术，例如 2008—2011 年，荷兰隧道工程咨询公司先后多次提交咨询审查意见，不断强调海底隧道水淹的风险评估的重要性，并明确指出 2 个人工岛在潮位与波浪方面的设计标准偏低，坚持将气候变化带来的相关影响考虑进来……为了解决重要的建设难题，我们也经常邀请隧道、桥梁专业的相关专家对提出的创新解决方案进行审查，以减少风险。咨询单位和专家提出的创新方法、工艺和技术，使港珠澳大桥顺利建成通车成为可能。

研究机构和大学在系统发展阶段进入，并在项目研发方面作出了巨大贡献，尤其是对“港珠澳大桥关键技术项目列入国家科技支撑计划”项目实施作出了较大的贡献。05 号受访者谈道：

该国家科技支撑项目前后共有27家企事业单位、500余名科研人员参与其中，研究团队集合了设计单位、施工单位、业主单位和研究机构等，并在同济大学、西南交通大学、清华大学等业内顶尖高校的参与下，攻克了一批关键性的技术难关，研发出了一系列具有自主知识产权的创新产品，使得相应的设计、施工和管理技术水平提升到世界前列，最终确保了港珠澳大桥这一巨型跨海通道的建设任务得以高效、优质、安全地建设。

设计单位、施工单位、供应商/制造商是参与系统的关键主体，虽然他们仅在某一个或者两个阶段参与到系统中，但是他们是创新活动实施者、资源整理者、项目成功交付贡献者。03号受访者谈道：

岛隧工程管节及接头处理(如涉及的管节设计、管节制造与浮运安装、止水带、接头水密性及耐久性等问题)是决定岛隧工程成败的关键，为了减少风险，施工单位、设计单位、制造商、材料供应商等经常就岛隧工程设计、施工的细节问题进行讨论……

6.4.3 关键主体显著性与功能角色

表6.4展示了关键主体在协同创新系统中的显著性和功能角色的转变。在系统形成到成熟过程中，确定型利益相关者和预期型利益相关者的数量逐渐增加，潜在型利益相关者数量保持不变。此外，利益相关者的显著性和功能角色在一定程度上重叠，这是因为强大的利益相关者应该承担解决问题的领导角色，且强大的利益相关者拥有关键资源并且更有能力获得他人支持(Lin等，2018，p. 554)。在关键主体中，参建主体显著性和功能角色事例(部分事例)如表6.5所示，政府有关部门仍然是确定型利益相关者。

表6.4 关键主体显著性和功能角色变化分析表

阶段	确定型								预期型					潜在型
	政府有关部门	三地委	专责小组	管理局	咨询单位	施工单位	设计单位	前期工作小组	专家	咨询单位	监理单位	供应商/制造商	气候和IT服务提供商	研究机构和大学
形成	#				%			#	*					
发展	%		%		#	%	#	#	%					#

续　表

阶段	确定型								预期型					潜在型
	政府有关部门	三地委	专责小组	管理局	咨询单位	施工单位	设计单位	前期工作小组	专家	咨询单位	监理单位	供应商/制造商	气候和 IT 服务提供商	研究机构和大学
成熟	*	%	%	#	#	#	#		%		%	%	*	%
再创新	*	*		#					*	*				%

注:“#”代表“主导者”,“%”代表“参与者”,“*”代表“机会主义者”。

表 6.5　参建主体显著性和功能角色事例(部分事例)

关键主体	具体事例描述	编码
政府有关部门/专责小组/三地委	科技部在创新方面作出了巨大贡献,例如邀请专家评审“港珠澳大桥跨海集群工程建设关键技术研究与示范”项目的可行性(07 号受访者)	整合参建主体
	大桥主体采用政府出资方式,由粤港澳三方共建,按照“效益费用比相同原则”分摊资本金,其投资比例分别为 44.5%、43.0%和 12.5%(05 号受访者)	投资收益共享
	2010 年 7 月广东省交通运输厅及交通运输部完成岛隧工程设计施工总承包招标策划的核备(05 号受访者) 针对早期的路线是单“Y”还是双“Y”,为了照顾香港地区的核心需求,中央在技术方案论证会中,作出“大桥东岸以香港地区散石湾为登陆点,西岸以拱北/明珠为登陆点”的决定(03 号受访者) 在专责小组和前期工作协调小组的领导下,前期办承担起了艰巨的大桥前期工作任务,协调三地政府逐项解决了大桥登陆点、桥位走向方案、投融资等多个重大问题(05 号受访者)	行政管理与决定权
	政府有关部门要对该项目进行检查和参观,我们精心准备了接待……小学生写信给政府有关部门并要求参观,相关部门迅速回应并要求我们带他们参观大桥(09 号受访者)	要求能引起快速关注
前期工作小组/管理局	国务院正式批准三地政府开展港珠澳大桥前期工作,并同意粤、港、澳三地成立“港珠澳大桥前期工作协调小组”,全面开展各项前期工作(港珠澳大桥局新闻)	确定并提出项目管理制度框架

续 表

关键主体	具体事例描述	编码
前期工作小组/管理局	大桥采用设计施工总承包模式是正确的选择。这种模式是在十多年前，由前期办、朱永灵先生、张劲文院长等共同策划提出来的，当时内地大型桥梁工程项目很少采用这种模式，虽然这种模式在国际上应用比较多，但在国内来说是具有很大挑战的(01 号受访者) 在岛隧工程设计施工总承包招标策划中，2009 年初开始收集资料及启动前期准备工作，2009 年 9 月启动市场调研，2009 年 12 月开展项目推介与调研，2010 年 4 月完成招标文件编制并上报三地委(03 号受访者) 港珠澳大桥项目管理规划属于前期工作协调小组办公室的集体智慧成果，由时任前期办工程技术组组长、港珠澳大桥管理局工程总监张劲文博士主笔完成。2009 年 12 月 16 日，该项目管理规划获得港珠澳大桥专责小组审查通过(08 号受访者)	确定并提出项目管理制度框架
	管理局提出了“港珠澳大桥跨海集群工程建设关键技术研究与示范”项目，该项目受到交通运输部和科技部的支持(03 号受访者) 管理局负责开展“跨境隧-岛-桥集群工程的建设管理、防灾减灾及节能环保关键技术”课题的研究(07 号受访者)	提出、实施创新方案
	我们(管理局)征询了 9 家央企和 2 家地方国企对参与岛隧工程项目的意愿，第一轮反馈中有 3 家企业接受了我们的邀请。随后，我们登门拜访了 3 家企业，主动推介，通过不同方式进行市场培育，如支持鼓励中国铁建和中国铁工借助岛隧工程投标整合国内资源进行产业并购重组(09 号受访者)	邀请、培育和选择投标人
	管理局是协调项目建设阶段冲突的项目法人单位(06 号受访者) 管理局推行伙伴关系，而伙伴关系的核心是领导力。在履行合同的基础上，推行伙伴关系来解决冲突是非常有效的方法(03 号受访者)	作为项目法人处理冲突
设计单位	岛隧工程设计施工总承包中的设计联合体共有 4 家单位：中交公路规划设计院有限公司(牵头单位)、中交第四航务工程勘察设计院有限公司、上海市隧道工程轨道交通设计研究院以及丹麦科威国际咨询公司，它们在各自专业领域内容都是翘楚。我们采用不同的方式来处理联合体的关系，如使联合体成员形成合力，而非强行拼凑成的联合体；采用混编的团队分工模式，每个小组都由各参与单位的人员混编而成，使其思想互相碰撞，不分彼此(02 号受访者)	处理复杂的关系

续　表

关键主体	具体事例描述	编码
设计单位	经过反复研判，我们在沉管中间选择了一个小节段作为最终接头(02 号受访者) 针对管节接头的技术难题，从减少风险和提高效率视角来看，直接引进一家日本公司的相关技术，由它们全盘负责是最好的选择。但是，在实际谈判过程中，那家日本公司发现港珠澳大桥对该技术的使用量少并且风险较高，因此它们并不感兴趣，最终开出的价格也远远超出我们的承受范围……这些现实情况倒逼着我们不得不进行自主研发(02 号受访者)	自主创新
	这一系列技术创新，功劳不能全部归于我们。我们是创新方案的提出者和完善者，在这个过程中，我们吸纳、整合了不同各方面意见，包括业主方、设计方、施工方、监理方以及国内外的专家团队，也经受了许多考验(02 号受访者)	多主体共同解决项目难题
施工单位	面积约 10 万 m^2 的人工岛，通过采用创新技术仅用 207 d 就完成了岛体成岛，实现了“当年动工、当年成岛”目标(Zhu 等，2018) 我们采用半刚性结构单元来减少载荷并增强沉管隧道纵向结构的健壮性(04 号受访者)	实施创新
	总承包模式是将政府和业主的很多职权让渡给了承包商，承包商也承担了更多的责任和风险(01 号受访者) 前期工作小组支持我们整合国内优质资源，进行产业并购重组，以提升我们建设海底隧道的能力。这些措施有助于我们根据项目和业主要求快速整合资源进行创新，从而提高我们的市场竞争优势(04 号受访者)	业主给予相关的权力支持
	我们选择了桂山岛上一个废弃的采石场建立沉管预制厂，采用工厂法预制沉管。在生产沉管管节中，水泥、钢筋、与自动化设备供应单位给我们提供了高质量的材料、设备(04 号受访者)	创新活动领导者
咨询单位	从 2008—2011 年，荷兰隧道工程咨询公司先后多次提交咨询审查意见，不断强调海底隧道水淹的风险评估的重要性，并明确指出两个人工岛在潮位与波浪方面的设计标准偏低，坚持将气候变化带来的相关影响考虑进来(05 号受访者)	审核方案
	从进驻项目以来，我们一直坚持专业且严谨的审查，通过电话会议、视频会议、面对面沟通等方式讨论隧道管节施工图(06 号受访者)	提供专业解决方案

续 表

关键主体	具体事例描述	编码
咨询单位	德国 PERI 公司提供了清水混凝土结构施工的全套全过程解决方案(包括模板系统设计、技术文件、模板制造)(07 号受访者)	提供专业解决方案
	港珠澳大桥主体项目引进了设计及咨询联合体,他们的主要职责包括对施工图设计及施工进度、节点进行有效控制,对设计标准、设计文件及相关成果进行独立审核和咨询,编制招标文件并协助招标……(05 号受访者)	管理其他参建主体

专责小组和三地委的显著性没有发生变化,这主要是他们在全生命周期中可以强制要求各主体进行创新以解决建设难题(表 6.5);作为政府的代表,他们与政府有关部门一样同时拥有整合信息和资源的权力性和合法性,从而影响创新方案的制定和实施(Kelley 和 Lee, 2010)。前期工作小组和管理局先后作为业主(业主代表)实施了相关工作,其拥有整合符合资质的企业以及相应的资源来建设、管理或运营港珠澳大桥的权力性和合法性。设计单位和施工单位通过与业主签订合同获得实施创新的权力性和合法性,它们的决策也会影响项目实施,因此它们也是确定型利益相关者。

专家是受前期工作小组所邀,在系统形成阶段就开始参与重要创新方案讨论的预期型利益相关者,他们在整个协同创新系统的全生命周期中保持这种显著性。事实上,专家是创新活动的重要贡献者,因为他们有权提出或决定创新方案,对创新实施产生巨大影响,然而他们在协同创新过程中的合法性是比较有限的。供应商/制造商、监理单位以及气象和 IT 服务提供商在施工单位/业主方的领导下,通过提供先进的材料、信息和方案来实施创新活动,被视为潜在型利益相关者。研究机构和大学作为潜在型利益相关者,根据业主和项目的要求,为其他主体及项目提供人力资源和知识方面的支持;然而,他们是没有足够的权力性和合法性来影响或者管理其他主体的决定。随着项目的完成,咨询单位从确定型利益相关者变为预期型利益相关者。07 号受访者谈道:

我们拥有最先进的关于施工方法、施工过程、施工技术和建设项目管理的知识,可以为施工单位、设计单位、业主等提供创新相关支持……在项目实施过程中,我们与各主体开展了密切的合作以保证港珠澳大桥项目的顺利交付。

协同创新系统中的关键主体,根据其功能角色的转换,可以分为不同类型。

第一类利益相关者，主要包括政府方，从主导者转变为参与者再转变为机会主义者。03 号受访者谈道：

政府及相关部委在 2006 年之前就开始整合资源开展或支持早期创新，例如设立前期工作小组，确定建设计划并开展了一些方案的研究与讨论。此后，国家或者三地政府提供了资金、研究以及政策方面的扶持……政府在项目早期阶段授予前期工作小组相关权利来确定项目管理制度框架、改进招投标文件以引进国际先进施工单位和咨询单位……随着项目的实施，管理局作为项目法人事业单位成立了，其承担起选择优秀的供应商以保证桥梁建造的质量、协调三地达成共识等责任。

第二类利益相关者，主要指专业咨询方，他们的功能角色从参与者转变为主导者再转变为参与者和机会主义者。专业咨询方从项目开始就被邀请参与三地法律适应性研究、桥位走向及着陆点研究等问题。随着项目的不断推进，项目建设难题越来越多，不同专业的咨询单位整合多方资源就白海豚保护、环境保护、投融资方案、招投标方案、国际合作和技术路线图等作出了系统全面的研究与决策，同时技术相关的咨询单位，如荷兰隧道工程咨询公司、林同棪国际集团参与项目建设中的各类创新方案的提出、审核与管理等，它们是项目中最为重要的创新方案提供者与实施者。监理单位在系统成熟阶段进入，为项目建设提供专业建议并监督项目创新，比如岛遂工程监理联合体同时负责水下检测与监测这项工作，为项目建设提供及时的监督管理，帮助业主和施工单位减少项目延误带来的风险。在项目竣工后，大部分咨询单位开始退出工程，又有信息化相关咨询单位承担了智能化运维及管理创新工作，为大桥运维提供创新支撑。

第三类利益相关者主要指业主方。2004 年前期工作小组办公室成立，开始执行项目前期决策等职责，作为业主的管理局在 2010 年作为事业单位正式成立，业主方在协同创新系统中一直承担主导作用。作为业主，他们承担了创新项目管理方案，统筹规划项目建设中的界面接口，各单位、分项工程的协调配合，跨境项目营运管理组织、协调等重要的建设与运营管理问题，其在协同创新系统中的中心和领导者地位从来没有发生过变化。

第四类利益相关者主要指设计单位、施工单位与供应方，他们在系统发展以及成熟阶段主要起主导作用。施工单位和设计单位整合国内外优质资源将项目相关工作付诸实践。例如，岛隧工程设计施工总承包联合体单位从进驻项目以来，坚守在一线，开展技术方案研究、施工图设计、人工岛快速成岛、沉管隧道管节浇筑浮运及安装等创新工作，通过与各方合作顺利完成岛隧工程。同时，供应商和制造商在提供大型装备设备、新材料、新工具和数字化信息等方面作出了巨大贡献，成为港珠澳大桥顺利建成的重要保障者。

第五类利益相关者包括研究机构和大学，它们从发展阶段的主导者转变为参与者。研究机构和大学设有先进的实验室，系统地对前沿知识和技术进行研究，是协同创新系统中最为重要的知识共享主体。在港珠澳大桥项目中，研究机构和大学广泛参与"港珠澳大桥跨海集群工程建设关键技术研究与示范"项目中，解决了许多世界级的难题，研发出许多拥有自主知识产权的技术或者产品，申请了数百项的科研专利，为项目的创新作出了巨大的贡献。

6.4.4 协同创新演化的影响因素

为完成创新任务，多主体形成过程中发展了良好的知识协同与知识管理机制，如知识整合、部署与集成，为协同创新奠定了基础并进一步推动了多主体间的协同。03 号受访者在访谈中指出，其收集世界各地的前沿信息和类似经验，学习与总结类似项目成功之道，以获得开展创新所需的资源，根据大桥实际需求选择创新路径，形成创新的想法的一些做法。

在前期和建设的过程，我们注重工程业界知识的学习和管理，可以说世界上的超级工程我们基本都有去现场考察过，包括国内 2007 年通车的杭州湾大桥、长江上的一些桥、桥岛隧结合的厄勒海峡通道、韩国釜山大桥和美国与欧洲的重大工程项目……港珠澳大桥的调研是非常深入的，我们是带着问题、需求去的，有的是带着潜在解决方案去的，旨在跟不同单位或者专家请教、交流，回来后我们会召集多家单位进行经验交流与方案集成讨论……

重大工程具有分阶段性、专业划分精细等特点，某个主体很难掌握创新所需的知识、技术和工具等（Chen 等，2021）。因此，多主体实施创新的相关知识更多源于组织间知识管理，如通过知识共享、转移等方式帮助不同主体获取其创新所需要的知识或技术（Terhorst 等，2018），通过知识整合攫取适合项目情境以及项目目标的知识。

良好的收益与成本分摊也是影响多主体协同创新演化的重要因素。在创新过程中，多主体把项目利益当成重要基础，利用自身资源和能力，与其他主体合作可以实现创新价值的增值（刘建昌等，2015）。在合作过程中会产生各类的成本与费用，需要多主体基于自身职权支付相关的费用与成本，以此来保证创新的顺利实施以及多主体的公平感，有效降低协同创新的风险。

此外，项目中基于共同的战略目标，在组织管理方面作出了一些努力。项目中不仅采用了“专责小组-三地委-管理局”组成的三级创新协调与决策管理机制，而且管理局内部还建立了包括“管理局-参建单位”两级技术管理体系的项目创新管理框架，用来激励多参建主体的创新积极性和主动性。管理局专门设置港珠澳大桥创新活动领导人，负责制定创新计划、审批创新相关制度、协调并管理项目创新中遇到的各类重大问题。参建单位也分别设置或指定了相关的部门或者机构作为二级创新管理机构。

良好的沟通也成为促进协同创新演化的重要影响因素。在项目中，咨询单位通过电话会议、视频会议和面对面沟通等不同的方式讨论项目建设相关问题，良好的沟通促使多主体间建立了信任，促进了多主体间的高效协同。同时，多主体间的伙伴关系也保证了主体间的顺畅沟通与协同的进一步演化，09 号受访者谈道：

> 在项目准备阶段，我们作出了许多改进和创新，其中最成功的创新之一是“伙伴关系”。伙伴关系要求各方在严格执行合同条款的基础上，要注重创建互利共赢、协同发展的伙伴关系理念，从而促进各参与单位之间基于合同的紧密合作，也使得彼此间的沟通更加顺畅。

多主体间的沟通使知识和技术得以分享、转移和整合。科研方和专业咨询方作为最为重要的知识生产者和提供者，对组织间知识的分享、转移等起到了重要的促进作用；业主方、政府方和设计施工与供应方的沟通可以帮助其吸收、整合以及利用知识，提高其对宏观市场变化的快速反应能力，加快创新的速度，借此来提升创新绩效(Bodas Freitas 和 Verspagen，2017)。

项目文化在某种程度上塑造了多主体间关系的基础。陈宏权等(2020)基于港珠澳大桥案例分析发现，其推行全主体、全方位的创新文化带来了全景式创新，促进了多主体间协同创新的不断演化。

6.4.5　动态演化模型

受各种因素影响，创新多主体间的协同促进了正式或非正式的关系形成，不断发展带来了协同创新系统的形成。同时，多主体间的行为在协同创新系统的动态演化过程中逐渐变化，是项目管理中重要的一部分。通过归纳与演绎分析发现，所有对项目创新产生影响的主体是“协同创新系统”中重要组成部分(Zhao 等，2018)，多主体及其彼此间关系的转变反映了协同创新系统的演变，多主体协同创新动态演化模型如图 6.3 所示。

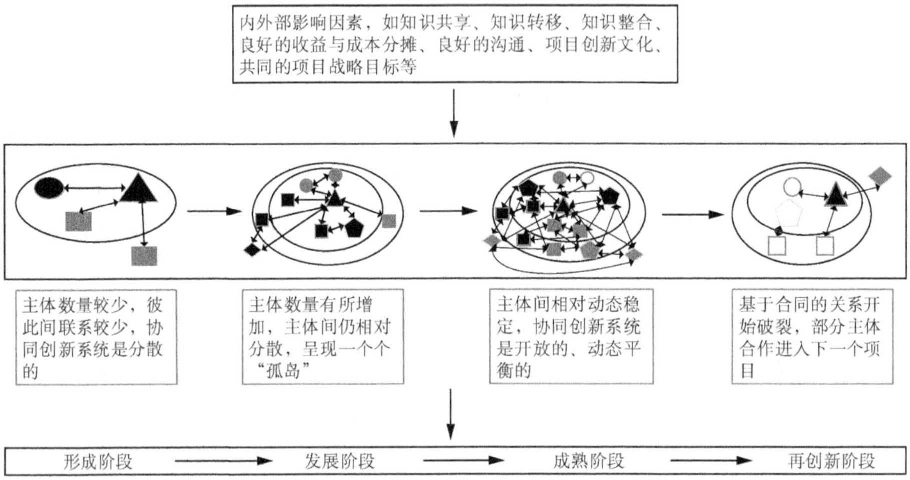

注：△代表业主，○代表政府方，□代表咨询方，◇代表科研方，⬠代表设计施工与供应方

图 6.3　多主体协同创新动态演化模型

多主体间的协同创新随着时间变化先后经历了 4 个不同的阶段：形成阶段、发展阶段、成熟阶段和再创新阶段。形成阶段主要涉及项目的前期规划阶段，在该阶段主体数量相对较少，多主体间联系也相对较少，这与商业生态系统的形成期特点很相似(Moore，1993)，即几个参建主体各自开展自己的创新活动。发展阶段从项目的初步设计到项目正式开工前，该阶段的主体数量增加，多主体间的关系逐渐密切，多主体就项目早期创新任务与目标进行深入探索，但由于其仍然是基于前期难题相对独立地开展各类研究与创新活动，因此整个系统呈现出一座"孤岛"的形状(Chen 等，2020)。随着项目的实施，系统逐渐进入成熟阶段，多主体通过国内或者国际合作的方式整合包括知识、技术和人才等资源，通过项目的建设将创新方案付诸实践，由于任何一项建设活动的开展都需要多主体的密切配合，因此主体的数量明显增加，主体间的关系也达到了动态平衡(Chen 等，2020)。随着项目建设工作的结束，多主体慢慢退出系统，部分合作比较融洽的单位继续以联合体或合作伙伴关系进入竞标其他项目。

对于利益相关者的显著性分析发现，其随着时间及系统变化而发生细微变化，结果与 Lin 等(2019)的研究发现是一致的，他们指出利益相关者(例如业主)的权力是如何随着项目实施而下降。正如 Mitchell 等(1997)指出的那样，利益相关者在不同建设活动中的显著性不同，因为不同的利益相关者拥有不同的资源和能力来实施不同的创新活动。同时，在系统形成到成熟过程中，确定型利益相关者和预期型利益相关者的数量逐渐增加，潜在型利益相关者数量保持不变。

对于利益相关者的功能角色分析发现，其随着时间及系统的变化而向不同方向转变。这是因为不同的利益相关者擅长不同的学科，且拥有不同的核心资源来开展不同的创新活动(Locatelli 等，2021)。

6.5 讨论与启示

6.5.1 研究讨论

本章基于复杂性与复杂适应系统、利益相关者和协同创新系统的文献与理论观，首先构建了包含“影响因素-主体行为-系统动态演化”的重大工程多主体协同创新动态演化研究框架。随后，利用重大工程实践数据开展分析，并与现有研究发现进行对比，系统归纳与演绎了多主体协同创新动态演化过程中的影响因素、多主体功能角色和显著性的动态变化以及多主体协同创新系统的演化阶段，最终提炼出重大工程多主体协同创新动态演化模型，揭示了重大工程情境下的多主体协同创新“为什么”和“怎么样”动态演化的内在机理。具体而言，多主体受到包括知识共享、知识转移等影响因素的作用，带来了其协同创新行为的变化，体现在其显著性和功能角色的变化，这进一步促进了多主体协同创新系统的动态演化。

分析发现，多主体协同创新系统的动态演化可分为4个阶段：形成阶段、发展阶段、成熟阶段和再创新阶段。该系统的演化阶段与其他行业，如制造业(Lu 等，2014)，具有某些相似性，同时该系统也是基于重大工程实践以及相关理论归纳、演绎而得来的，因此具有可推广应用性。在分析过程中，为了保证研究发现的普适性，将参与单位按照其属性总结为政府方、业主方、设计施工与供应方、科研方和专业咨询方，这些主体在重大工程项目中是常见的且在创新过程中起到了非常重要的作用。

系统演化过程中呈现出比较典型的特点：协同创新系统形成阶段的主体数量相对较少，多主体间联系也相对较少，几个参建主体开展各自的创新活动。在发展阶段，协同创新系统的主体数量增加，多主体间的关系逐渐密切，但整个系统呈现出一座座“孤岛”的形状。在成熟阶段，多主体整合相应的资源，将创新方案付诸实践，因此主体的数量明显增加并达到了相对稳定，主体间的关系也达到了动态平衡。随着项目建设工作的结束,多主体慢慢退出系统,部分合作比较融洽的单位继续以联合体或合作伙伴关系进入竞标其他项目。

研究发现,在重大工程项目常见的政府方、业主方、设计施工与供应方中的设计和施工单位在协同创新系统生命周期中一直是确定型利益相关者。这一发现与挑战了内部利益相关者(不包含政府方)更显著地影响项目目标(包括项目创新)的观点(Cova 和 Salle, 2005)。不同于一般基础设施建设项目,大部分重大工程项目是由中央或地方政府发起的,因此政府在决定是否为创新提供资源和支持方面拥有最大的权力;拥有合法性来提出创新相关政策,提出正式法律法规促进创新;并可以在整个生命周期内规范多主体的行为(Chen 等, 2020)。与一般基础设施建设项目的研究发现类似,业主方被视为促进和管理协同创新系统的确定型利益相关者(例如制定规则,将创新要求纳入合同或招标文件、整合与配置资源、培养协同创新文化)。业主通常被认为是确定型利益相关者,这是因为他们的缺失可能会导致无法实施项目创新和实现项目目标(Fernando 等, 2020)。而对于设计单位和施工单位,其是确定型利益相关者的原因主要为国内部分重大工程的业主缺乏项目实施的有关经验,普遍推行大标段施工承包理念和系统集成的总承包模式,这就确保了施工单位和设计单位得到业主方的授权,将项目目标付诸实践。设计和施工单位提出的创新解决方案对重大工程项目产生了巨大影响,这与一般基础设施建设项目中设计和施工单位具有将方案付诸实践的结论是一致的。对于设计施工与供应方中的供应方,尤其是装备制造商在重大工程项目创新中起到了非常重要的作用,然而其创新相关方案更多是基于设计或者施工单位的方案来做的,因此被视为预期型利益相关者。

专业咨询方由于涉及的类型比较多,因此既有确定型利益相关者也有预期型利益相关者。例如,施工设计相关的咨询单位在施工方法、施工工艺和施工技术方面拥有先进的知识和宝贵的经验(Heravi 等, 2015),因此,它们在早期阶段被业主授权提出和审查创新解决方案,管理和检查设计单位和施工单位实施的创新(Karlsen, 2002),并所掌握的最新技术、更新旧的施工技术,其被视为是确定型利益相关者。而对于监理单位,以及气象和 IT 服务提供商,其是预期型利益相关者,这是因为它们在协同创新系统中的地位使其在传播创新思想方面的权力较小。通常,气象和 IT 服务提供商在协同创新系统中与业主没有直接联系,施工单位作为中间人将他们联系起来(Liu 和 Chan, 2017)。监理单位缺乏创新管理或者实施的权力。该研究结论与一般基础设施建设项目的结论是类似的。

研究机构和大学作为潜在性利益相关者,应业主的邀请,为创新提供前沿的科学知识和人力资源(Locatelli 等，2021)。但是，正如 Lavikka 等(2020)所指出的那样，研究机构和大学无权确定施工方法和技术，也无法对施工计划等产生紧急影响。该研究结论与一般基础设施建设项目的结论是相似的。

与 van de Meene 等(2020)研究发现不一样，本章研究发现政府方的功能角色从主导者转变为参与者和机会主义者。这是因为重大工程项目是由中央或地方政府委托(至少部分)并且具有政治敏锐性(Invernizzi 等，2018)，中央或地方政府通过提出宏大的创新目标和建立新的临时组织(网络)来协调多主体，因此，政府方在形成阶段主导协同创新协同(Worsnop 等，2016)。随着协同创新系统的演进，政府方对创新的贡献相比施工单位和设计单位少，最终变成了机会主义。这可能是因为政府方缺乏执行与基础设施生命周期相关的一些任务的能力(Levitt 等，2010，p. 762)，因此，它们的主要作用是提供必要的支持(例如提供政治支持)并提供合理的创新管理安排(Laplane 和 Mazzucato，2020)。

与 Davies 等(2009)研究一致，业主方是创新管理的领导者，负责协同创新系统的管理与安排。作为协同创新系统的领导者，业主处于建筑知识和信息的交汇处，是协调多主体协同关系的核心(Rose 和 Manley，2012)。

专业咨询方的功能角色从参与者和主导者转变为机会主义者，这证实了作为内部利益相关者的咨询方，与基础设施项目具有正式和非正式合作关系。事实上，咨询方应业主或政府方的邀请，就形成阶段的预创新提供建议(Chen 等，2020)，作为主导者对系统发展提出甚至审查创新方案(Blindenbach-Driessen 和 van den Ende，2006)，随着创新活动的落地实施，其逐渐失去其核心地位(Rose 和 Manley，2012)。

设计施工与供应方在系统发展阶段进入，在系统再创新阶段退出，起着主导作用。施工单位和设计单位在系统发展和成熟阶段整合和实施产品、技术、工艺和服务创新(Hartmann 等，2008)，是该阶段的领导者和价值创造者。同时，供应商在系统开发或成熟阶段通过提供先进的信息技术、材料或设备，成为施工单位和设计单位进行创新的主要支持者。

产学研合作被视为促进创新的战略措施(Rajalo 和 Vadi，2017)。研究机构和大学与行业之间的合作越来越普遍，它们是促进基础设施行业创新的重要推动者(Locatelli 等，2021)。在发展阶段，研究机构和大学(如同济大学、清华大学)整合资源进行前期创新和设计工作。随着系统的演进，研究机构和大学主要借助先进的知识和实验室开展创新相关互动，成为施工单位“解决问题”的贡献者(Bröchner 和 Lagerqvist，2016)。

通过第5章分析可以发现，不同动机因素的组合促进了多主体协同创新的形成；本章分析发现，多主体协同创新动态演化受到内、外部因素影响，极大促进了系统的发展与稳定，也进一步促进了协同绩效与创新绩效的提升。知识共享、知识转移、知识整合促进了多主体间的互动与整合，并进一步帮助多主体实现了知识的管理，成为促进协同创新演化的非常重要因素。共同项目战略目标使得多主体参与到重大工程项目中并根据项目任务和目标开展了一系列的沟通、交流与协作。良好的组织间沟通以及被认同的项目文化进一步提升了多主体协同的意愿与结果。

6.5.2 管理启示

在实践方面，本章研究为重大工程项目管理人员采取针对性的引导策略，促进协同创新的发展与演化提供可供参考的洞见，具体体现在以下几方面。

首先，业主方可在项目准备早期就形成正式的创新战略与管理组织架构，以支持创新实施并提高重大工程项目绩效。细化的创新战略和创新方案能够将各个流程细化，从而帮助管理人员提高管理效率、帮助决策者选择最适用于公司或项目目标的创新类型、级别和规则。

其次，伙伴关系可作为未来重大工程项目促进多主体协同创新的有效工具。伙伴关系有助于利益相关者在履行合同的基础上实现互利共赢、共享风险和利益，被视为未来重大工程项目的管理路径之一（Owolabi 等，2020）。因此，作为创新领导者的业主方在项目中应该确立伙伴关系管理方案、推行伙伴关系实践行动、促进各个参与项目的单位可以顺畅地沟通交流，高效地开展创新活动，以增加创新产出和提升项目绩效。参与建设的设计施工与供应方、专业咨询单位等，可以充分利用参与重大工程项目的机会发展与其他单位的合作关系，从而增加信任、促进彼此间顺畅交流，共同加快项目建设进度、提升项目质量、保障项目安全、提升业主满意度等；同时也可以在未来的项目中组成联合体投标，增强彼此的竞争力和收益。

再者，由于利益相关者的功能角色随着协同创新系统的推进而变化，业主方可将领导权授予协同创新系统不同阶段的主导者。现有研究发现高绩效的协同创新不仅需要适当的管理组织架构、研发能力，还需要轮流领导的支持（Davis 和 Eisenhardt，2011）。在重大工程项目中，业主经常采用大标段以及设计施工总承包等方式将部分权利授权给施工单位和设计单位以实现创新目标，实践结果也证明该种方式能充分调动多主体的创造性。

6.6　本章小结

重大工程多主体协同创新是动态演化的，其动态演化过程主要由多主体间的互动过程决定，而多主体间的互动过程又受到协同创新系统内、外部影响因素的作用。因此，深入地剖析多主体协同创新“为什么”以及“怎么样”动态演化的内在机理问题，可为重大工程项目管理人员采取针对性的引导策略，促进协同创新系统的发展提供可供参考意见。本章基于复杂性与复杂适应系统和利益相关者相关理论，首先构建了包含“影响因素-主体行为-系统动态演化”的重大工程多主体协同创新动态演化研究框架，在此基础上利用重大工程实践数据开展了纵向案例分析，并与现有研究发现进行对比，系统归纳与演绎了多主体协同创新动态演化过程中的影响因素、多主体功能角色和显著性的动态变化以及多主体协同创新系统的演化阶段，最终提炼出重大工程多主体协同创新动态演化模型。研究发现，重大工程多主体协同创新的演化过程可分为形成、发展、成熟和再创新 4 个阶段；重大工程项目中多主体的显著性和功能角色在协同创新系统演化过程中也呈现出动态变化的特点；影响因素包括但不限于知识共享、知识转移、知识整合、共同的项目战略目标、项目文化和沟通等。本章研究揭示了重大工程多主体协同创新“为什么”以及“怎么样”动态演化的内在机理，在一定程度上弥补了现有研究差距，也为重大工程项目管理人员重大工程协同创新实践中采取针对性的引导策略，促进协同创新的发展与演化提供了可供参考的意见。

第7章

重大工程多主体协同创新绩效提升策略

通过第3～5章的研究发现，重大工程情境下多主体协同创新的形成与演化受到各种影响因素的作用。那么，这些影响因素到底是如何作用于协同创新绩效的呢？值得注意的是，各影响因素对重大工程多主体协同创新绩效的影响不是一个简单的线性关系，而是一个反复的、非线性的、动态过程，需要采用动态视角进行分析。本章基于复杂性与复杂适应系统和资源依赖理论，首先搭建了系统边界为"协同创新绩效系统—组织协同子系统—知识协同子系统—战略协同子系统"的研究框架，整合现有文献和专家访谈结果进一步构建了影响因素间的因果关系模型、存量流量模型以及确定了数学方程关系。根据重大工程多主体协同创新的实践情境设定了5种绩效提升方案，旨在分析不同方案对重大工程多主体协同创新绩效的动态影响效果，并针对性地提出了重大工程多主体协同创新绩效提升策略。本章研究揭示了重大工程情境下多主体协同创新绩效提升的内在规律，并为重大工程多主体协同创新绩效提升提供了管理策略。

7.1 多主体协同创新绩效提升概述

实践中，协同创新已成为应对重大工程复杂性挑战、提升多主体间关系以及创新产出的重要途径(丰静等，2020)。然而，在不同的项目中，协同创新绩效是不同的，有些项目的绩效比较高，而有些项目的绩效却并不令人满意。协同创新在重大工程项目研究领域才刚刚起步，协同创新的过程及作用机理仍在不断的探索中。如何解决部分项目协同创新绩效相对较低的现状，实现协同创新效应的持续提升，已经成为亟须解决的现实问题。

目前，已有研究分析了协同创新的驱动因素(臧欣昱等，2017)、影响因素(解学梅和刘丝雨，2015)和结果变量(夏丽娟等，2017)等，也已取得了一些研究结果。然而，这些研究大部分停留在静态层次，缺少对协同创新绩效关键影响因素间的动态关系分析；同时，已有研究多采用多元回归、结构方程模型和数据包络分析方法等探索单个或多个影响因素与结果之间的关系，忽略了变量之间的相互作用关系。对于重大工程这类特殊的项目，李永奎(2017)指出其组织治理不能假设成"无阻力真空"或者是"白纸上作画"，具体分析过程中需要综合考虑重大工程情境的延续性和路径依赖性等。第 6 章的研究也发现重大工程多主体协同创新系统是随着时间动态变化的，多主体的行为在协同创新系统的不同阶段也存在变化。因此，通过动态视角来分析多主体协同创新绩效及提升路径是有必要的。基于此，本章将对如何提升重大工程情境下多主体协同创新绩效进行研究。

本章将运用系统动力学(SD)，构建协同创新绩效及其关键影响因素之间的作用模型，从动态系统角度对多主体协同创新绩效进行客观分析，对多主体协同创新绩效影响过程开展仿真模拟，以深化对因素间因果关系的理解，从而帮助发现多主体协同创新绩效变化的内在作用机理。多主体协同创新绩效的影响因素间互相作用，SD 模型可用来挖掘各因素间的相互作用关系(万静远，2020)。其次，多主体协同创新绩效的影响因素间关系是动态的，SD 是研究和管理此类复杂反馈系统的比较合适的方法(万静远，2020)。

7.2　系统动力学模型构建

基于第 4～6 章分析可以发现，重大工程多主体协同创新过程受到各种因素的影响，包括但不限于学习、知识管理、沟通、项目文化、项目战略目标和项目复杂性的挑战等，极大促进了多主体协同创新的形成与演化，也进一步促进了协同创新绩效的提升与项目目标的完成。

在 Scopus、中国知网数据库分别以"协同创新绩效"和"collaborative innovation performance"为关键词进行检索，结合复杂适应系统理论和资源依赖理论以及第 4～6 章研究发现，多主体在协同创新过程中通过组织协同、战略协同和知识协同等有机结合与互相作用能够带来协同创新绩效的提升。

知识协同是协同创新实现的重要基础。多主体参与重大工程项目中需要共享隐性以及显性知识，通过将不同的知识互动过程，如知识共享、知识转移和知识整合来促进创新的产生(贺新杰等，2021)。知识转移是将知识从载体A转移到载体B的过程,该过程既可以通过口头传授以及非正式传授等方式,也可以通过正式的组织间管理机制来进行(Bercovitz和Feldman，2008)。知识整合是企业对其掌握的知识进行重新整理,扔掉无用的知识,将组织以及其员工所掌握的知识有机地融合,保证其能为组织的发展服务(Prencipe和Tell，2001)。吸收能力体现了企业的发展能力,通过识别、吸收新知识,并将其用于组织发展及组织目标实现过程中。总而言之,知识协同对于协同创新绩效的实现及提升具有重要作用。

组织协同是协同创新实施的重要基础。组织协同机制的缺失或无效,可能导致参建主体的资源无法实现高效利用,也会严重阻碍多主体间的沟通与协调,降低回报率。因此,构建且不断完善组织间的协同机制对于提升协同创新绩效具有重要的促进作用。首先,多主体间的公平利益分配机制,包括良好的风险管控机制、协同创新成本的公平分担机制、协同创新收益的公平分配,可以保证多主体间的收益分配和成本分担的公平性,有效降低多主体间的协同风险,从而为多主体搭建相对长期且比较稳定的协作关系起到导向带动效果(Fernandes等，2020)。其次,多主体间良好的沟通机制可以促进各方对技术和知识的获取、转移与吸收利用,提高其对宏观市场变化的快速反应能力,加快创新的速度,借此来提升创新绩效(Bodas Freitas和Verspagen，2017)。再者,构建有效的激励机制可以推动多主体间协同创新活动的开展。管理者通过营造协同创新的组织环境以及制度环境,利用合理的激励手段对多主体间的协同创新进行引导、鼓励和保障,如设立公平的声誉、表扬等非物质奖励体系以及直接的物质奖励,可以有效鼓励协同创新的实施,提高协同创新绩效(Chen等，2021)。最后,组织间的信任是协同的重要前提。

战略协同是多主体协同创新的重要保障。作为“经济人”的多主体有其自身发展战略、价值观和文化等(Zan等，2021),当其参与重大工程项目时,需要根据项目要求及目标,针对性地调整其战略,以保证能与其他主体、项目目标战略达成较好的匹配,从而在完成项目的同时,也能够促成自身目标战略的实现以及与其他主体间的长远协同创新发展目标。战略协同包括文化创新机制、组织间学习等内容。由于每一个主体都有其企业文化,每一个重大工程项目也有其自身特色的项目文化,因此每个主体需要将自身企业文化与项目文化及其他主体的企业文化进行融合吸收,找到最适合的方式来实现“一箭双雕”。组织间学习对于协同创新绩效提升具有非常重要的催化作用(Xie等，2022),也是促成多主体间知识整合的有效方法。

在分析重大工程多主体协同创新绩效及其影响因素过程中,关键在于清晰地界定出整个系统边界。系统边界的确定可以清晰地划分出哪些部分属于系统内部，哪些部分被排除到系统外部。本章基于前述章节分析以及文献综述，构建了"协同创新绩效系统—组织协同子系统—知识协同子系统—战略协同子系统"在内的研究框架，协同创新绩效系统框架如图 7.1 所示。

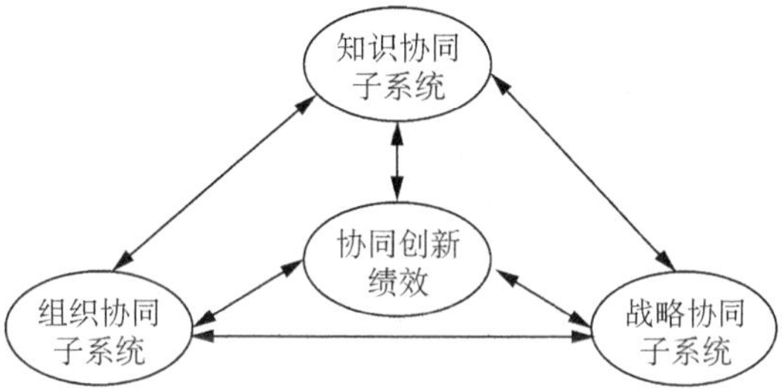

图 7.1　协同创新绩效系统框架

7.2.1　因果关系模型

因果关系模型描述了协同创新绩效系统内部各要素间的因果关系，模型中涉及的各个要素间的关系通过文献综述确定。同时，由于重大工程项目建设时间一般比较长，且受到各种因素影响，因此本章研究的基本假设为：①重大工程情境下的多主体协同创新绩效的提升是一个连续、循环和渐进的过程；②不考虑其他潜在因素对多主体协同创新绩效的影响；③多主体偏好于协同创新；④模拟试验时间为 8 年，时间间隔为 1 年。

协同创新的内涵明确指出，由自我激励的多主体通过资源、信息、人才以及资金等方面的跨组织协作，来提高创新的协同性和整体创新水平。基于房银海和谭清美(2021)的研究以及复杂性相关理论，协同创新包含了协同行为和创新 2 个维度。其中，协同行为主要指的是多主体为了实现重大工程建设目标，在实施创新活动过程中，基于彼此间的信息、知识、信任等开展的互动行为；创新主要是在项目层面和企业层面实施的新颖或显著改进的想法、产品、流程、技术、工具和组织方法，其目标是为企业和重大工程项目创造价值。因此，本章采用协同关系绩效、管理创新绩效和创新产出绩效来表示协同创新绩效。其中，协同关系绩效包括信任和协同意愿；管理创新绩效包含计划控制创新以及人力资源管理创新(孙金花和杨陈，2014)；创新产出绩效包括产品绩效和项目绩效(Chen 等，2021)。

对于影响因素中组织协同包括利益机制、沟通机制和激励机制 3 个要素；知识协同包含知识共享、知识转移和知识整合 3 个要素，战略协同包括项目文化和项目战略目标 2 个要素。

组织协同由激励机制、利益机制和沟通机制组成，同时会影响主体间的协同意愿。激励机制包含目标激励和物质激励 2 个方向，同时也受这 2 个因素的影响。利益机制包含收益分配和成本分担 2 部分内容，其中收益分配和成本分担均受到收益增加的显著影响。同时,组织协同会影响多主体间的协同意愿,互动交流又受到协同意愿的影响,较高的协同意愿将会促进多主体间的互动、沟通与交流,并进一步完善了组织间的沟通机制;良好的沟通也会增进组织间的信任。

作为知识协同重要组成要素的知识共享,受到多主体所拥有的知识总存量和多主体间协同意愿的影响,如参建主体拥有较高的知识存量,可以将这些知识通过组织间知识共享、知识转移以及知识整合并应用到项目建设、创新活动以及自身发展中。知识整合会促进组织的人力资源管理创新和计划控制创新,并进一步影响管理创新绩效。知识协同还会促进组织创新能力提升,并进一步影响产品绩效和项目绩效,然后促进创新产出绩效的提升。战略协同包括项目文化和项目战略目标,项目文化主要涵盖了共同的价值观;创新发展的项目战略目标会影响战略协同的实现,也会影响项目绩效。战略协同也会进一步影响多主体间的协同意愿,协同意愿会影响组织的创新能力,也会影响多主体间的协同关系绩效。

协同创新绩效包含了管理创新绩效、协同关系绩效以及创新产出绩效 3 方面,其提升也会促进各主体收益的增加;收益的增加也可以减少各主体的成本分担,并增加各主体能获得的收益,促进系统的再循环。详细的因果关系模型如图 7.2 所示。

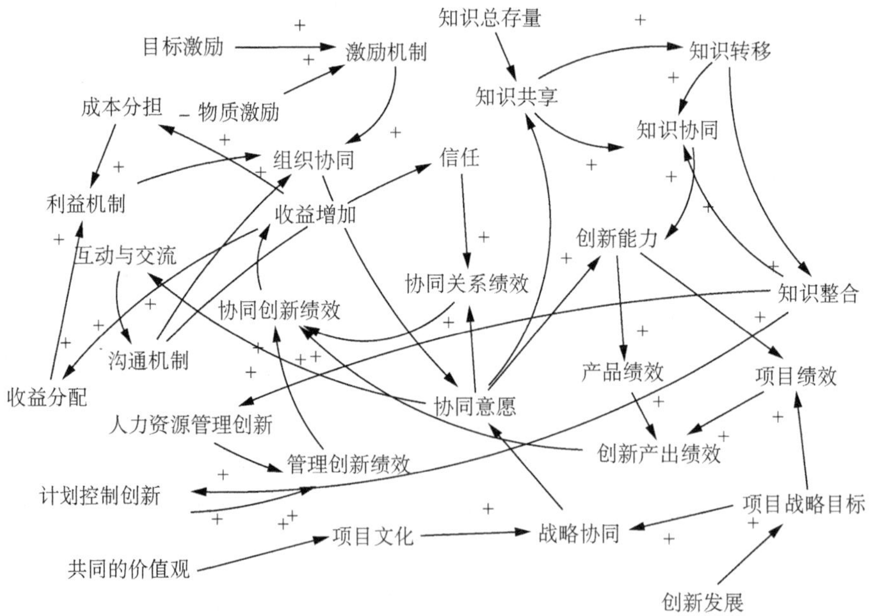

图 7.2 因果关系模型

7.2.2　存量流量模型

图7.2所示的因果关系模型更多的是展示重大工程情境下多主体协同创新过程中，各个要素之间的因果关系和反馈过程，但是该图却无法展示多主体协同创新过程中各要素的具体性质，因此，需要将多主体协同创新因果关系模型更加详细地展示，以明确、直观地阐述多主体协同创新绩效影响因素之间的相互作用效果。存量流量模型是一个直观地描述要素之间逻辑关系的模型，阐述了影响多主体协同创新绩效反馈系统的动态性能的累积作用，揭示了系统内各要素间的数量关系。

为了解决各要素间的累积作用以及彼此间存在的数量关系，需要将模型中的各个变量根据其性质划分为“常量”“辅助变量”“状态变量”以及“速率变量”4种类型，并保证其均可以量化。其中，常量(C)指的是在研究过程中其自身的变化可忽略不计或者是不变化的量；辅助变量(A)指的是中间变量，其是将存量以及速率变量有机联系起来的动态转化过程；状态变量(L)展示了系统的累积效应；速率变量(R)反映了累积效应在某一时间段内的变化速率。为了提高研究的科学性以及可计算性，本章主要运用Vensim PLE 9.2.1软件，构建多主体协同创新绩效与影响因素的存量流量模型，对其中变量的性质进行了界定，变量集如表7.1所示。

表7.1　变量集

变量类型	变量名称	编码	变量释义
L	协同创新绩效	CIP	无量纲处理，分值越大代表协同创新绩效越好
L	组织协同	OC	无量纲处理，分值越大代表组织协同越紧密
L	知识协同	KC	无量纲处理，分值越大代表知识协同越高
L	战略协同	SC	无量纲处理，分值越大代表战略协同越紧密
R	利益机制	LM	在单位时间内，利益机制合理性的增加量
R	激励机制	EM	在单位时间内，激励机制合理性的增加量
R	沟通机制	GM	在单位时间内，沟通机制提升的增加量
R	管理创新绩效	MIP	在单位时间内，管理创新绩效的增加量
R	创新产出绩效	IOP	在单位时间内，创新产出绩效的增加量
R	协同关系绩效	CCP	在单位时间内，协同关系绩效的增加量
R	项目文化	PC	在单位时间内，项目中相关文化的变化量
R	项目战略目标	PSO	在单位时间内，项目战略目标的变化量

续 表

变量类型	变量名称	编码	变量释义
R	知识共享	KS	在单位时间内，知识共享的增加量
R	知识转移	KT	在单位时间内，知识转移的增加量
R	知识整合	KI	在单位时间内，多主体对知识吸收整合的增加量
A	成本分担	CS	无量纲处理，表示多主体间的成本分担的程度
A	收益分配	PS	无量纲处理，表示多主体间的利益分配的程度
A	互动与交流	HJ	无量纲处理，表示多主体间的互动、沟通与交流的程度
A	信任	TRU	在单位时间内，信任水平的增加量
A	收益增加	PI	无量纲处理，表示因为参与协同创新而获得的收益增加程度
A	人力资源管理创新	HRI	无量纲处理，表示协同创新过程中对人力资源管理的程度
A	计划控制创新	PCI	无量纲处理，表示协同创新过程中计划控制的程度
A	创新能力	IC	无量纲处理，表示多主体的创新能力情况
A	产品绩效	PP1	无量纲处理，表示多主体的协同创新带来的项目绩效提升程度
A	项目绩效	PP2	无量纲处理，表示多主体的协同创新带来的产品绩效提升程度
A	协同意愿	CW	无量纲处理，表示多主体参与协同的意愿程度
C	目标激励	OI	无量纲处理，表示多主体在目标方面受到的激励程度
C	物质激励	MI	无量纲处理，表示多主体在物质方面受到的激励程度
C	知识总存量	ZC	无量纲处理，表示多主体间的知识积累的数量
C	创新发展	ID	无量纲处理，表示对项目创新发展的认可程度
C	共同的价值观	SV	无量纲处理，表示多主体间的价值观相似程度

根据因果关系模型以及对变量的界定，构建了如图 7.3 所示的协同创新绩效影响因素的存量流量模型。

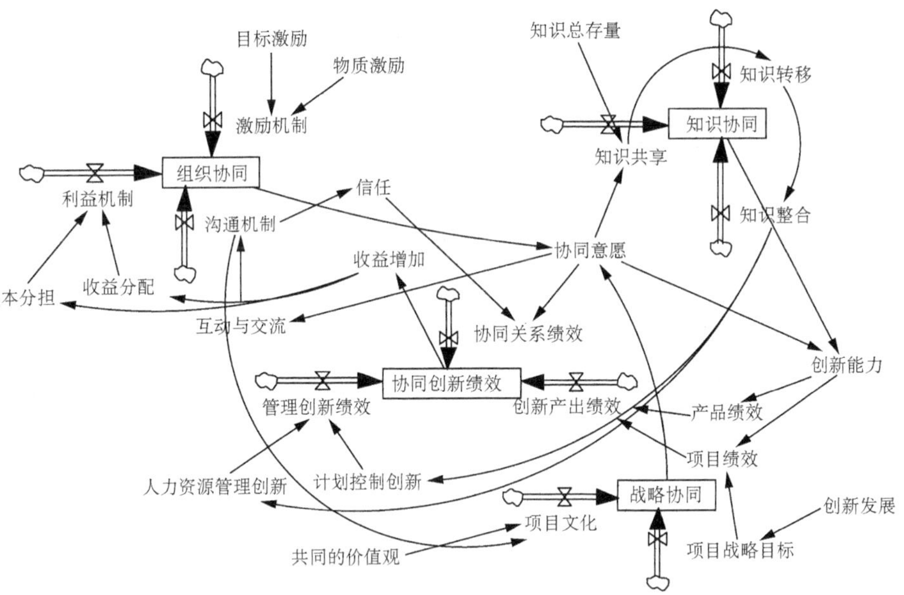

图 7.3　协同创新绩效影响因素的存量流量模型

7.2.3　数学方程建立

综合考虑本章的理论框架、因果关系模型以及存量流量模型，在明确协同创新绩效及各影响因素间的因果关系和作用的前提下进一步构建起彼此间的数学方程式。由于影响多主体协同创新绩效的相关因素存在多维性和理论性，且多主体协同创新的实践以及结果在不同重大工程项目中存在差异性；在检索国内相关专业数据库的统计数据时可以发现，很少有关于重大工程情境下多主体协同创新方面的统计数据。因此，对于 SD 模型中的变量的赋值和模拟的初始值的设定是难以参考历史数据的。基于此，本章借鉴孙金花和杨陈(2014)的研究，采用平衡态赋值法设置状态变量。此外，采用专家咨询法对无法设置初始值的变量以及因素间的影响系数进行打分，平均之后作为权重。因此，本部分主要基于现有文献、专家访谈而得到数学方程式及具体参数值，以此来保证协同创新绩效及各影响因素间的数学表达既简洁准确又符合重大工程实践逻辑，从而有效避免不符合常理的数学方程式的出现。数学方程式的构建分别基于组织协同、知识协同、战略协同和协同创新绩效 4 个系统展开。

1) 组织协同子系统

假设速率变量中的利益机制(*LM*)、沟通机制(*GM*)和激励机制(*EM*)对组织

协同(OC_t)产生影响,它们之间函数关系数学方程为:

$$OC(t)=\int_{t_0}^{t}[LM(s)+GM(s)+EM(s)]\mathrm{d}s+OC(t_0) \tag{7.1}$$

其中,OC_t 为组织协同,是状态变量;LM 为利益机制;GM 为沟通机制;EM 为激励机制。函数表示了组织协同(OC_t),速率变量中的利益机制(LM)、沟通机制(GM)以及激励机制(EM)对其产生的影响。

基于现有文献可知,速率变量中的利益机制(LM)、沟通机制(GM)和激励机制(EM)分别有不同的实现方式。利益机制(LM)主要包含成本分担(CS)和收益分配(PS),沟通机制(GM)主要包括互动与交流(HJ),激励机制(EM)主要包括目标激励(OI)和物质激励(MI)。由此得到如下的数学方程:

$$LM=f_1(CS)+f_2(PS), \tag{7.2}$$

$$GM=f_3(HJ), \tag{7.3}$$

$$EM=f_4(OI)+f_5(MI), \tag{7.4}$$

其中,LM 为利益机制;GM 为沟通机制;EM 为激励机制;CS 为成本分担;PS 为收益分配;HJ 为互动与交流;OI 为目标激励;MI 为物质激励。

2) 知识协同子系统

根据存量流量图可知,状态变量为知识协同(KC_t),速率变量中的知识共享(KS)、知识转移(KT)和知识整合(KI)对其产生影响,假设存在函数关系,则其数学方程为:

$$KC(t)=\int_{t_0}^{t}[KS(s)+KT(s)+KI(s)]\mathrm{d}s+KC(t_0), \tag{7.5}$$

其中,KC_t 为知识协同;KS 为知识共享;KT 为知识转移;KI 为知识整合。

基于现有文献可知,速率变量中的知识共享(KS)、知识转移(KT)、知识整合(KI)分别有不同的实现方式。知识共享(KS)主要包含知识总存量(ZC)和协同意愿(CW),知识转移(KT)主要受到知识共享(KS)影响,知识整合(KI)主要受到知识转移(KT)影响。由此得到如下的数学方程。

$$KS=f_6(ZC)+f_7(CW), \tag{7.6}$$

$$KT=f_8(KS), \tag{7.7}$$

$$KI=f_9(KT), \tag{7.8}$$

其中，ZC 为知识总存量；CW 为协同意愿。

3）战略协同子系统

根据存量流量图可知，状态变量为战略协同（SC_t），速率变量中的项目文化（PC）、项目战略目标（PSO）对其产生影响，假设存在函数关系，则其数学方程为：

$$SC(t)=\int_{t_0}^{t}[PC(s)+PSO(s)]\mathrm{d}s+SC(t_0), \tag{7.9}$$

其中，SC_t 为战略协同；PC 为项目文化；PSO 为项目战略目标。

基于现有文献可知，速率变量中的项目文化（PC）、项目战略目标（PSO）分别有不同的实现方式。项目文化（PC）主要包含共同的价值观（SV）和沟通机制（GM），项目战略目标（PSO）主要受到创新发展（ID）影响，由此得到如下的数学方程。

$$PC=f_{10}(SV)+f_{11}(GW), \tag{7.10}$$

$$PSO=f_{12}(ID), \tag{7.11}$$

其中，SV 为共同的价值观；ID 为创新发展。

4）协同创新绩效系统

根据存量流量图可知，状态变量为协同创新绩效（CIP_t），速率变量中管理创新绩效（MIP）、创新产出绩效（IOP）和协同关系绩效（CCP）对其产生影响，假设存在函数关系，则其数学方程为：

$$CIP(t)=\int_{t_0}^{t}[MIP(s)+IOP(s)+CCP(s)]\mathrm{d}s+CIP(t_0), \tag{7.12}$$

其中，CIP_t 为协同创新绩效；MIP 为管理创新绩效；IOP 为创新产出绩效；CCP 为协同关系绩效。

基于现有文献可知，速率变量中的管理创新绩效（MIP）、创新产出绩效（IOP）以及协同关系绩效（CCP）分别有不同的实现方式。管理创新绩效（MIP）主要包含人力资源管理创新（HRI）和计划控制创新（PCI），创新产出绩效（IOP）主要受到产品绩效（$PP1$）和项目绩效（$PP2$）影响，协同关系绩效（CCP）主要受到信任（TRU）和协同意愿（CW）影响，由此得到如下的数学方程。

$$MIP=f_{13}(HRI)+f_{14}(PCI), \tag{7.13}$$

$$IOP = f_{15}(PP1) + f_{16}(PP2), \tag{7.14}$$

$$CCP = f_{17}(TRU) + f_{18}(CW), \tag{7.15}$$

其中，*HRI* 为人力资源管理创新；*PCI* 为计划控制创新；*PP1* 为产品绩效；*PP2* 为项目绩效；*TRU* 为信任；*CW* 为协同意愿。

7.2.4 模型检验

通过系统边界、极端条件、量纲一致性和有效性 4 个方面分别开展了模型检验，保证研究具有合理性以及有效性，在一定程度上能够反映实践情况。

1）系统边界检验

系统边界的检验主要是确定重要变量以及概念是否为内生变量，同时也要检验所确定的系统边界假设是否对所确定的系统内行为敏感。一般而言，系统边界的确定主要来源 2 个方面：研究变量和实践变量。在本书中，基于第 3～5 章的研究发现，结合本章研究目的和文献综述、专家访谈，并同时利用系统模型建模规则与要求，最终确定了多主体协同创新绩效模型包括 4 个状态变量（*L*），11 个速率变量（*R*），11 个辅助变量（*A*）和 5 个常量（*C*），有效地控制对研究模型及相关变量的反应灵敏度。鉴于此，在系统边界以及变量选取 2 方面，本章的模型均符合研究要求和建模要求。

2）极端条件检验

极端条件检验是指将模型的参数值设为极端条件下依然可靠，也就是说无论参数值或假设条件如何极端，SD 模型的效果与真实系统在极端条件下的行为表现是相符的。在研究中，设置了常量因素以及状态变量初始值均为 0 的极端检验条件。多主体协同创新绩效极端条件检验结果如图 7.4 所示。

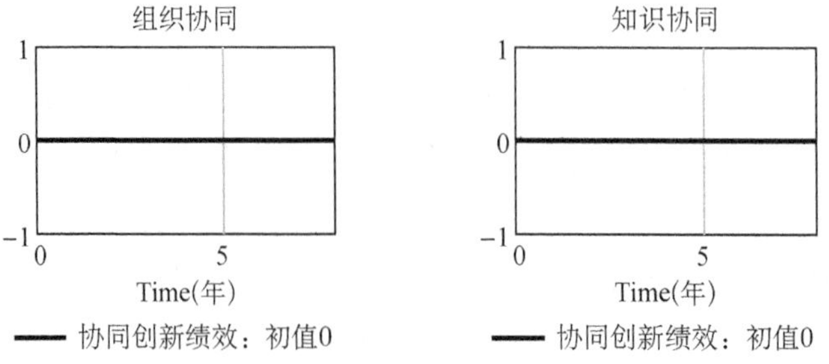

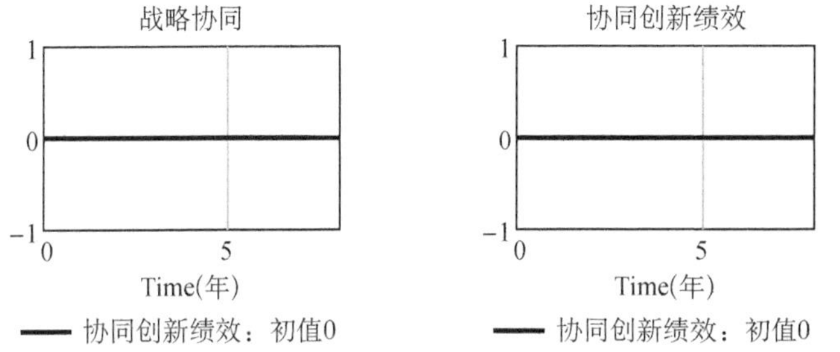

图 7.4　多主体协同创新绩效极端条件检验结果

通过图 7.4 可知，在没有任何投入，各状态变量的初始值也为 0 的前提下，协同创新绩效、知识协同、组织协同和战略协同的运行结果均为 0，这与重大工程实践情况是相符的。因此，本章构建的 SD 模型可以较好试验多主体协同创新过程以及结果情况。

3）量纲一致性检验

为了确保量纲在具有实践意义的基础之上，还可以保证方程内部的量纲达到统一的要求，需要展开量纲一致性检验。参考现有研究，在多主体协同创新绩效系统所涉及的影响因素，以年为基期，其他均为无量纲的指标。利用 Vensim PLE 9.2.1 软件中的 Synthesim 工具对本章所建立的模型进行一致性检验，输出结果展示出模型以及单位量纲存在一致性。

4）有效性检验

有效性检验主要采取基于理论检验和历史检验的 2 种方法。黄菁菁(2018)指出关于协同创新的历史数据收集具有局限性和较大的复杂性，因此采用理论检验是合理且具有可操作性的方法。本章研究发现，目标激励、物质激励、创新发展、共同的价值观、知识总存量为非零时，促进了协同创新绩效、组织协同、知识协同、战略协同的增长，主要变量分析结果如图 7.5 所示。这与已有文献中的研究结果是一致的(贺新杰等，2021)，同时与重大工程实践也是相符合的，说明本模型具有较高的有效性，可用于接下来的研究分析。

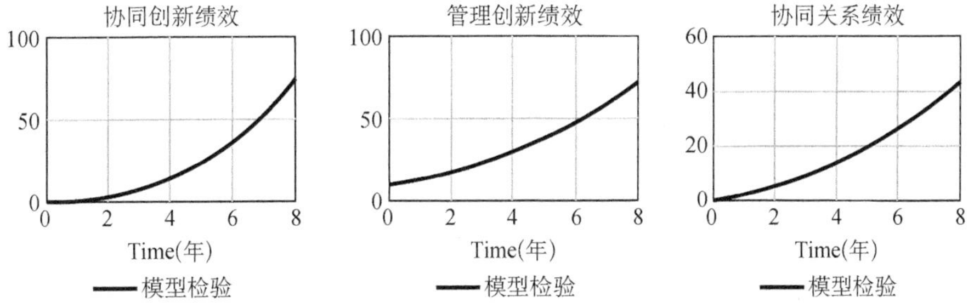

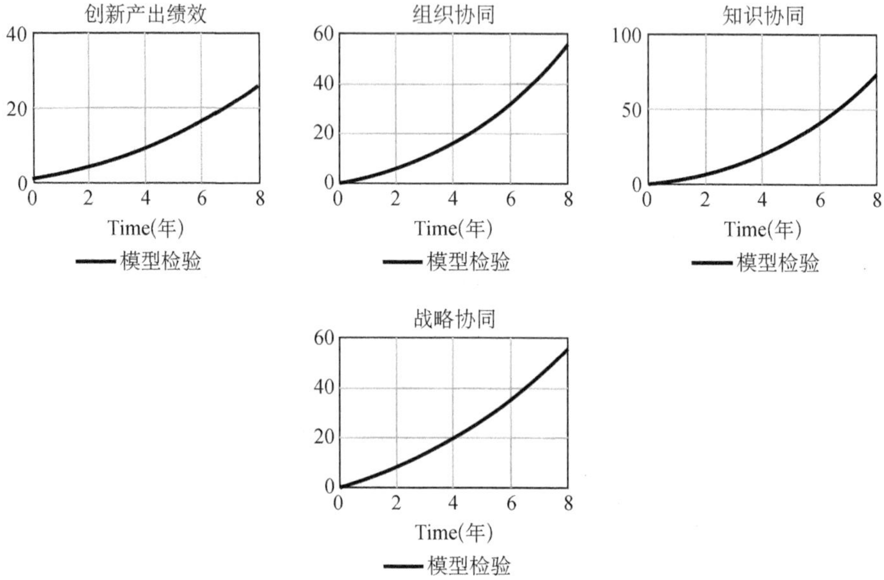

图 7.5 主要变量分析结果

7.3 研究方法与数据收集

7.3.1 方法选择

本章采用 SD 分析协同创新绩效提升方案与绩效之间的因果关系链条和循环耦合效应。

SD 的建模过程是从定性分析到定量分析的数学模型，再从定量转变为计算机程序。SD 方法作为一种整合定性分析、路径反馈、定量分析以及计算实验的系统研究方法，脱胎于“结构主义”，不仅能帮助研究者厘清系统中各要素间的因果关系，也可以帮助研究者理解系统中各要素间的动态变化趋势与规律，可以用来研究复杂系统行为及提出针对性的建议(张慧等，2020)。已有研究指出，SD 旨在解释事物变化规律，要突出有用性与实用性，而不是要完全复制真实世界，因此其模型结构的正确性远远比相关参数值的选择与确定要重要，即更加关注于模型结构的有效性以及一致性等(汪万和杨坤，2020)。同时，SD 适合处理复杂社会与经济相关问题，尤其是处理因素与结果之间的动态作用效果问题，这主要是因为其能将静态截面结果有效地转化为长期动态结果（段玮等，2022）。因此，SD 方法的这些特性使得其可以很好地耦合不同理论和方法来解决复杂系统要素间的问题，因此被工程管理领域、企业管理领域和城市规划领域的研究学者广泛应用（王婷等，2021；王宇静和李永奎，2010）。在项目或企业协同创新领域，基于 SD 研究中也已取得一系列成果，例如姚艳虹和周惠平（2015）基于 SD 方法，建立了产学研协同创新过程中的知识创造 SD 模型，并使用 Vensim 软件开展了计算试验，根据研究结构针对性地提出了促进知识增值以及提高产学研协同创新效率的建议。

本章采用 SD 原因有 3 个。其一，相比于一般的建设工程，重大工程建设周期较长、复杂性较高，重大工程多主体协同创新绩效是长期性、非线性问题，SD 在处理长期性与复杂性问题具有显著性。其二，重大工程多主体协同创新绩效系统受各种因素的影响，是一个复杂的动态过程，基于影响因素间的有效互动以及多重路径，促进了协同创新绩效作用系统的形成。其三，重大工程多主体协同创新具有明确的系统边界。鉴于此，本章从复杂性与复杂适应系统入手，对协同创新系统实现过程中的组织协同、知识协同以及战略协同等因素“非线性耦合”作用路径进行分析，基于该方法对重大工程多主体协同创新绩效进行计算试验。

7.3.2　数据收集

由于影响多主体协同创新绩效的相关因素存在多维性和理论性，但是在检索国内相关专业数据库的统计数据时可以发现，很少有关于重大工程情境下多主体协同创新方面的统计数据。以上的原因导致对于 SD 模型中变量的赋值和初始值的设定是难以参考历史数据的。基于此，本章主要基于已有文献中经常使用的方法和数学逻辑关系来确定多主体协同创新绩效的相关因素间的关系。借鉴孙金花和杨陈（2014）的研究，采用平衡态赋值法设置状态变量（L）。另一方面，借鉴现有文献及专家访谈法对无法设置初始值的参数进行评价，平均之后作为权重，该方法在现有研究中被广泛应用（如张浩川等，2021；彭频和何熙途，2021）。

在数据收集过程中，首先在中国知网检索了 2010—2021 年期间发表在 CSSCI 期刊上，利用 SD 方法开展协同创新绩效研究的文献，共检索到 4 篇（分别为：贺新杰等（2021）；肖利哲等（2020）；谢为群等（2020）；孙金花和杨陈（2014）），仔细阅读文献总结出可供参考的变量间方程式。随后，分别邀请了表 3.1 所示的 16 名专家进行了访谈，邀请其对从文献得来的少部分方程式以及研究过程中涉及的相关变量关系进行分析和赋予权重。在访谈完所有专家后，通过 SPSS 数据分析平台对专家访谈后的数据开展统计、分析和一致性检验，保证回收数据的合理性和有效性。

7.4 绩效提升方案分析与结果

7.4.1 绩效提升方案设计

1）方案一：增强激励程度

激励能够有效提升多主体协同创新的绩效，前述章节的研究也表明物质激励或目标激励作为重要的动机因素激励着多主体参与协同创新活动。激励机制主要包含目标激励和物质激励 2 个因素。该方案拟定知识总存量、共同的价值观和创新发展初始值为 0，目标激励和物质激励初始值增加到 10，进而研究激励强度的增强对协同创新绩效的影响。

2）方案二：增加系统的知识存量

知识是多主体开展创新活动的基础，知识也被普遍认为与创新存在着正向相关关系，前述章节的分析表明知识是促进多主体协同创新形成与演化的重要因素。该方案拟定系统内的知识总存量初始值增加到 10，目标激励、物质激励、共同的价值观和创新发展初始值为 0，进而研究知识存量的增加对协同创新绩效的影响。

3）方案三：增强共同的价值观

麦肯锡 7S 模型指出在团队或者项目管理过程中需要综合考虑结构（structure）、风格（style）、主体（staff）、技能（skills）、制度（systems）、战略（strategy）和共同的价值观（shared-values）这 7 个互相影响互相作用的因素，从而来达到设定的目标。在重大工程项目管理中，由于参建主体众多，且各主体分别在项目实施的不同阶段介入，会对项目产生各种影响，因此在多主体间形成共同的价值观，有助于多主体协同关系与项目文化的培育，也进一步促进了重大工程项目目标的实现。该方案拟定共同的价值观初始值增加到 10，目标激励、物质激励、知识总存量、创新发展初始值为 0，进而研究共同价值观的存在对协同创新绩效的影响。

4）方案四：促进创新发展

重大工程建设带动了工程技术变革和科技创新，是创新活动以及国家创新的

"主战场"(李伯聪，2008)，为推进我国创新发展作出了较大的贡献。因此，在重大工程项目战略目标中，明确创新发展的战略地位，并赋予其非常重要的地位对于提升项目乃至国家创新能力具有重要的作用。该方案拟定创新发展初始值增加到 10，目标激励、物质激励、知识总存量和共同的价值观初始值为 0，进而研究创新发展的项目战略目标对协同创新绩效的影响。

5）方案五：多种因素共同作用

上述 4 种方案描述了某个维度对协同创新绩效的影响效果，为了符合实践情况，进一步探究多种影响因素协同作用下的影响效果，以有效指导实践。该方案拟定同时将目标激励、物质激励、知识总存量、共同的价值观和创新发展初始值增加到 10，进而研究多种因素的共同作用对协同创新绩效的影响。

7.4.2　绩效提升方案分析结果

本章使用 Vensim PLE 9.2.1 软件对前述章节设计的 5 个绩效提升方案开展模拟分析，得到 5 种方案对协同创新绩效的影响效果以及相对变化趋势，协同创新绩效结果如图 7.6 所示。

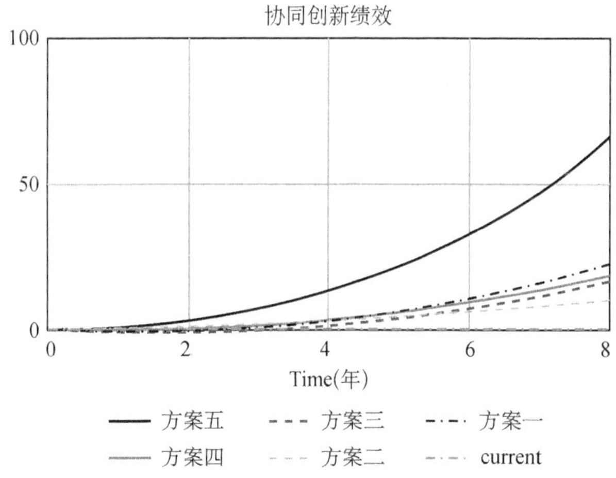

图 7.6　协同创新绩效结果

通过图 7.6 可以探索 5 种方案对多主体协同创新绩效的影响规律。基准条件下，目标激励、物质激励、知识总存量、共同的价值观和创新发展 5 个常量初始值赋予 0，图中 current 的表达曲线代表协同创新绩效为 0。

在方案一中，目标激励和物质激励程度增加到 10，图中方案一的表达曲线显示协同创新绩效在增加，且每一年的绩效值均大于基准条件，从第 4 年开始增长速度在缓慢增加，第 4、5、6、7、8 年分别为 3.92、7.04、11.41、17.30、25.06。同时，创新产出绩效、管理创新绩效和协同关系绩效也都呈现出上升趋势。这表明，增强激励程度能够有效地增加协同创新绩效以及创新产出绩效、管理创新绩效和协同关系绩效。

在方案二中，知识总存量初始值增加到 10，图中方案二的表达曲线显示协同创新绩效在缓慢增加，且每一年的绩效值均大于基准条件，类似于目标激励和物质激励的增长趋势，从第 4 年开始协同创新绩效增长速度在慢慢增加，第 5、6、7、8 年分别为 5.20、6.88、8.84、11.10。这表明，知识总存量的增加在一定程度上能够增加协同创新绩效。

在方案三中，共同的价值观初始值增加到 10，图中方案三的表达曲线显示协同创新绩效在增加，增长速度快于基准条件和方案二。同时，创新产出绩效、管理创新绩效和协同关系绩效也都呈现出缓慢上升趋势。第 5、6、7 年协同创新绩效分别为 5.22、8.46、12.83、18.58。这表明，促进形成共同的价值观在某种程度上能够增加协同创新绩效。

在方案四中，创新发展初始值增加到 10，图中方案四的表达曲线显示协同创新绩效在增加，但增长速度快于方案二和方案三的速度；尽管第 4 年协同创新绩效大于方案一的协同创新绩效，但其增长速度要慢于方案一的情况。第 4、5、6、7、8 年分别为 4.08、6.70、10.27、15、21.15。这表明，促进形成创新发展的战略目标能够调动多主体的热情，在某种程度上能够增加协同创新绩效。

在方案五中，同时将目标激励、物质激励、知识总存量、共同的价值观和创新发展初始值增加到 10，图中方案五的表达曲线显示协同创新绩效呈现非线性增长趋势，随着时间的推进，累积的作用效果越来越明显。这表明，多种影响因素协同作用下能够显著增加协同创新绩效。

通过图 7.6 发现，各种方案对协同创新绩效的影响是非线性增长的。对比各方案对绩效的作用效果可以发现，各方案对协同创新绩效的影响程度不同。方案一：增强激励程度的变动对协同创新绩效的影响程度最为显著，其次为方案四：促进创新发展；对比之下，方案二的增长幅度较为平缓。由此可知，站在长远角度，激励程度的作用效果将越来越显著。根据陈劲对协同创新的解释“由自我激励的个人/组织构成的网络小组产生集体愿景，利用这些网络来交流思路、信息以及工作情况等，通过合作以实现共同的目标”（陈劲，2012）可知，多主体协同过程中，激励机制是协同创新组织管理的重要内容，反映了组织间的利益，是管理多主体协同创新需要着重关注的一个因素。激励机制由于直接与多主体的利益挂钩,因此,具有比较显著的影响效果。知识是创新的基础,在项目中的知识存量或者参与项目的多主体所掌握的知识总存量越多,其对创新的促进作用将更加显著。共同的价值观促使多主体形成协同创新网络,这是基本的条件,网络形成后才能顺畅地进行信息以及资源的交流。创新发展作为战略目标存在,能够充分调动多主体的积极性与热情。

多主体协同创新过程中各因素之间的关系是错综复杂的,协同创新绩效的提升可能为某一个因素作用的结果,也可能为多个因素互相交互、共同作用产生的结果,如方案五所示。多影响因素首先对组织协同、知识协同、战略协同产生作用效果,并通过协同过程相关因素(主要包括协同意愿和信任)的连接,对协同创新绩效产生作用。组织协同通过组织间的利益分配与成本分担、互动交流、激励等过程来提升多主体间的协作,增进彼此间的协同关系,为协同创新目标的实现打下基础(肖利哲等, 2020)。知识协同作为一个动态过程,通过各主体间的协作,最终达到提高组织竞争优势的目标;良好的知识协同能够实现"1＋1＞2"的协同效果(贺新杰等, 2021)。知识协同通过知识共享、知识转移和知识整合等过程,为多主体协同提供良好的环境,为创新绩效的提升提供强大的动力。战略协同将目标、战略、资源、项目文化有机整合的方式,实现人才、技术和资源的无障碍流动,以不断提升整体竞争力,为实现项目目标打下坚实基础。

7.4.3　灵敏度分析

灵敏度分析可以帮助进一步校验多主体协同创新绩效影响因素的变化对整个系统创新绩效系统的作用机制。灵敏度分析是基于调整系统中某个变量数值,分析其变化对整个系统的影响,以及在某一时间范围内带来的变化值。基于上述章节的分析,为了进一步分析各因素对协同创新绩效的影响机制,本节通过规律性地动态调整 7.4.1 节中前 4 种方案的数值,进行灵敏度分析。

在灵敏度分析中,如某个参数或表函数的变动引起了相关行为曲线发生了比较明显的变化,则认为该参数对构建的 SD 模型是灵敏的;相反,如果某个参数或表函数的变化并没有导致对应行为曲线发生显著变化,可以认为该参数对构建的 SD 模型是不灵敏的。在灵敏度分析过程中,通过对 7.4.1 节前 4 种方案的数值不断调试后可以发现,都比较敏感,其中激励程度的灵敏程度最高。

针对激励程度,当初始值从 5 增加到 10,协同创新绩效也会显著增加,激励程度与协同创新绩效关系如图 7.7 所示。激励包含物质激励和目标激励,物质激励是指通过使用物质的手段(如直接给予金钱奖励),使得多主体在物质上得到满足,从而调动其共同参与创新活动的积极性和主动性,提升创新产出和绩效。该方式比较直接、简单,但在实践中也被证明是比较有效的一种方法。目标激励是对组织或个体设置的一种吸引力。在重大工程项目建设决策阶段,业主或者项目管理人员通常设置项目建设目标,包含管理目标、建成的产品目标等,并通过招投标方式选择合适的项目承包单位,与其签订合同来敲定需要达成的目标,从而激发其在项目中的动机,调动其主动性和积极性。

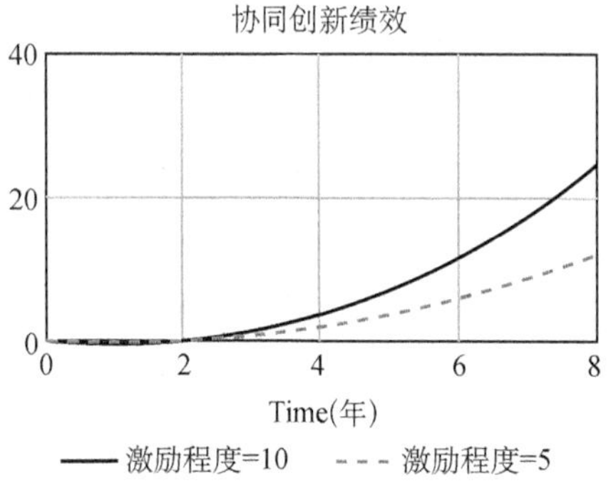

图 7.7　激励程度与协同创新绩效关系

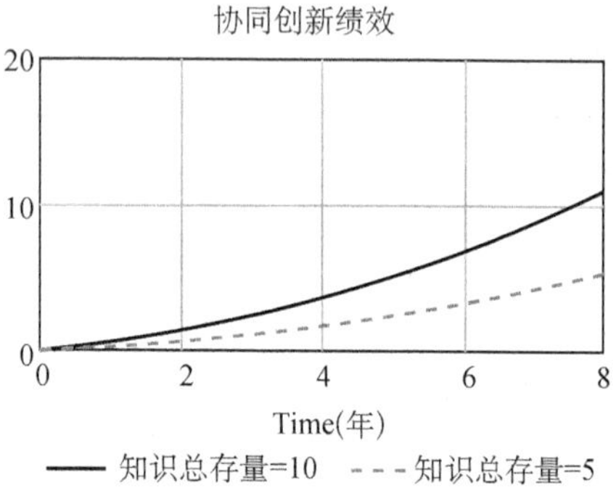

图 7.8　知识总存量与协同创新绩效关系

针对知识总存量,当初始值从 5 增加到 10,协同创新绩效也呈现增加趋势,如图 7.8 所示。知识存量反映了在多主体从以往项目经验中掌握的有利于项目实施的知识的总量。知识总存量反映了参与某一个重大工程项目中的多元主体所掌握的知识的总量,这些知识是进行创新的重要基础,也是项目顺利实施的重要保障。当多主体系统中知识总存量增加时,其能够帮助高效开展创新相关活动,提升创新产出。

针对共同的价值观,当初始值从 5 增加到 10,协同创新绩效缓慢增加,共同的价值观与协同创新绩效关系如图 7.9 所示。在重大工程建设过程中,业主通常会通过各种方式来提升项目团队的共同价值观以及理念,建立起与项目相关的精神文化等。这些项目文化如果被多主体充分吸收、转化,并整合到项目建设与创新活动中,将会极大提升项目中的协同创新行为。共同的价值观的提升会正向促进多主体间的战略协同,进一步促进多主体协同创新绩效的提升。

针对创新发展,当初始值从 5 增加到 10,协同创新绩效也会显著增加,创新发展与协同创新绩效关系如图 7.10 所示。重大工程创新作为国家创新的“主战场”,通过在项目战略目标中就确定创新发展,可以让多主体充分了解所在项目的伟大责任与担当，也能充分调动多主体在创新方面的主动性。在项目前期就确立创新发展能力提升的战略目标，可以促进多主体的战略协同，并进一步促进协同创新的绩效提升。

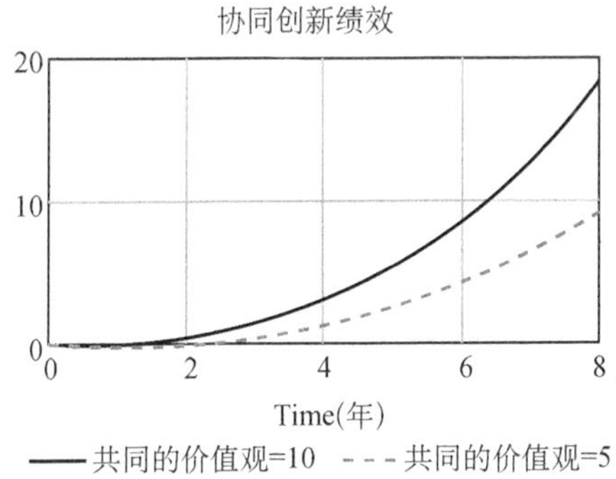

图 7.9　共同的价值观与协同创新绩效关系

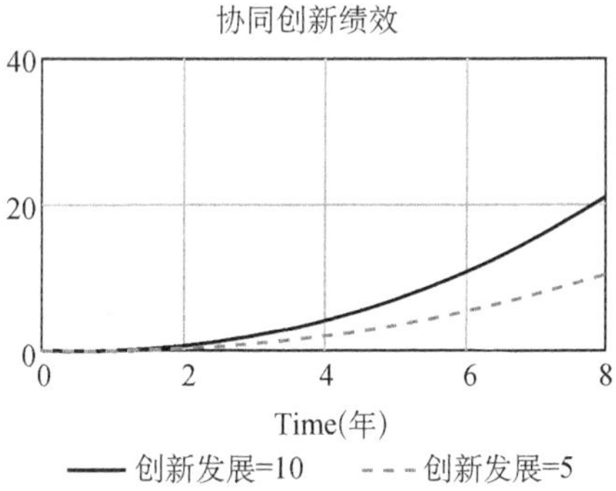

图 7.10　创新发展与协同创新绩效关系

7.5　绩效提升策略

通过前述章节分析可以发现，战略协同、组织协同和知识协同 3 个子系统是一种“三位一体”且“辩证统一”的关系，3 个子系统互为条件同时也互相促进，最终促进协同创新绩效的提升。一方面，战略协同是多主体协同创新的保障，多主体间由于在资源、需求、组织文化、价值观等方面存在差异，因此需要多主体在文化、价值、目标方面达成相对统一，减少冲突，增进彼此间的关系，为重大工程项目顺利实施提供坚实的保障。同时，组织协同是多主体协同创新的基础，这就需要建立一套完整的组织协同机制，提升多主体间的信任，保障多主体间无障碍交流，平衡多主体间的收益与成本，及时奖励积极行为。另一方面，知识协同是多主体协同创新的核心与关键，在重大工程实践中，需要构建良好的知识管理保障体系，努力搭建多主体间的知识联盟，通过多主体间的合作研究、共同创造、人才流动和技术转移等，促进组织间的知识共享、知识转移与知识整合。因此，在重大工程多主体协同创新过程中，需要从战略协同、组织协同及知识协同的角度出发，采用多种互补的策略，来提升重大工程多主体协同创新绩效。基于此，本节从多个角度提出重大工程多主体协同创新绩效提升策略。

7.5.1 增加激励程度，利用多重激励的推动作用

激励机制被视为是多主体选择协同创新策略的一个直接动机，其能带来极大的促进作用。因此，在重大工程项目中，业主方以及项目高层管理人员需要采用不同的手段来增强激励程度，提升协同创新绩效。

一方面，业主方需要根据参建主体的诉求与动机，针对性地设定和完善物质激励机制。物质激励机制是多主体参与重大工程项目协同创新的一个直接激励来源，而多主体又是重大工程协同创新的关键参与者，因此合理的物质激励机制可以充分发挥多主体的创新潜力并能够促进协同创新目标与任务的实现。实践中，多主体的专业领域、创新能力和风险承担等级存在着一定差异，这就导致激励要素在不同主体间的作用效果会存在一些差异。因此，业主方需要在参建主体进入项目前，充分了解其诉求、优劣势以及利益追求，针对性地设定合理的物质激励以及惩罚监督机制，充分发挥互补性主体间的协同创新能力，提升其参与协同创新的动机、行为表现以及最终的绩效产出，实现对多参建主体的全方位、针对性激励效果。

另一方面，需要注重目标激励与物质激励的有机结合。尽管物质激励是直接激励来源，其对多主体也是不可缺少的，但是为了重大工程项目目标的实现，也需要充分利用目标激励的促进作用。目标激励将多主体所获得的收益与其在项目中的努力和贡献密切联系起来，保证多主体能够专注于最终目标和结果，从而在过程中不断发挥主观能动性。基于此，国家层面需要有相应的支持措施，以激励包括业主在内的多主体为了项目目标以及创新绩效而不断奋斗。业主方需要增强项目目标及最终的绩效产出的目标激励程度，让参建主体对项目有深刻、系统的认识，保证多主体协同创新过程中仍然是以项目目标和绩效产出为导向，不出现过度创新、为了创新而创新的行为，从而保证协同创新绩效以及项目目标的实现。

7.5.2 加强知识管理，发挥知识资源的促进作用

一方面，业主方需要搭建良好的知识交流与知识管理平台，促进知识在多主体间的顺畅流通。多样化的知识资源被视为是协同创新绩效提升的关键因素，不同主体拥有的多样化知识是其与参建主体开展创新活动的基础，通过知识共享、知识转移以及知识整合等策略的应用，能够降低重大工程实施创新活动的成本和支出，提升协同创新绩效。同时，多主体间的知识共享、知识转移以及知识整合也保证不同主体高效吸收整合异质性知识，减少多主体间的沟通障碍，提升协同创新绩效。因此，业主可以营造知识共享的文化氛围，提升各参建单位间的知识共享意愿；创

建知识共享与转移平台或者数据库，保障各主体能快速获取相关知识、根据需求开展知识整合以应用到项目中；重视与项目相关的知识管理能力，包括知识吸收能力和知识转化能力。

另一方面，业主方以及参建主体均需要注重“正式”和“非正式”知识管理机制的构建。在重大工程协同创新过程中，同时存在着正式知识管理以及非正式的知识管理的“双重”作用。业主方或者参建主体在合同分工模式、专利发明、技术发明、知识保密与管理等方面会根据自身需求设定完善的管理制度，以促进其自身的创新产出。同时，未在管理制度中出现却在项目中经常发生的一些非正式知识交流会和经验分享会，也是重要的知识资源来源，能够帮助多主体互相学习、增进信任和培养协同意愿，进一步促进协同创新绩效的提升。因此，不论是业主方还是参建主体都需要完善和优化创新其正式知识管理机制，建立完善的知识产权制度，降低知识产权风险，提升创新能力。此外，业主方和参建主体都需要注重非正式知识管理，加强多主体间的知识交流和经验风险，从而促进其建立互惠互信以及协同意愿，充分利用知识资源开展一系列创新活动，提升协同创新绩效。

7.5.3 塑造共同价值观，展现项目文化的引领作用

一方面，业主及参建主体需要塑造重大工程项目的价值观，以形成共同的价值观判断标准。价值观是业主以及参建主体来评判重大工程项目价值以及创新价值的基准，是对重大工程项目及其创新的好与坏、正确与错误、是否能够推广应用的统一认识。价值观的形成与传递，可以为重大工程项目管理体系在制度以及流程等方面无法到达或者覆盖的地方提供一个良好的潜在标准，能够与重大工程项目管理体系达到很好的互补关系，尤其是在项目冲突发生时。因此，重大工程项目管理人员在项目早期就应该注重重大工程项目价值观及协同创新氛围的营造和培育，在重大工程全生命周期中需要持续性地对重大工程项目价值观及协同创新氛围进行支持，从而促进协同创新绩效的不断累积，为提升重大工程项目绩效打下坚实的基础。

另一方面，多主体需要在内部以及项目层面上打造创新的核心领导或者领袖人物，以起到引领作用。重大工程的价值观看不见，摸不着，凭空而谈会让很多人感觉虚无缥缈，缺乏真实感。核心领导或者领袖人物作为重大工程项目或者参建主体文化的重要载体，是一种人格化的项目文化象征，具有非常强的引领作用。因此，在重大工程项目建设过程中，为了提升多主体的协同创新热情与绩效，不管是业主方还是多主体都需要仔细挑选在创新方面有突出贡献、注重与其他团队协同

关系的核心领导或者领袖人物，让项目中的参与人员或者组织都深入地了解并向其学习。通过这种方式可以将重大工程的价值观以及项目文化落地，使其更加容易接受，从而帮助提升协同创新绩效。

7.5.4 促进创新发展，增强战略目标的导向作用

一方面，业主方需要制定、贯彻执行创新发展的战略理念，促进创新发展目标的实现。我国重大工程在经历了较长时间的发展后，进入了创新发展的新时期。重大工程承担起了国家创新的重要责任，也需要贯彻新的发展理念，构建新的发展格局，从而带动我国创新能力的提升。因此，业主方可以基于重大工程目标和任务，推动参建主体间的“伙伴关系”建立，促进产业链相关的上游、中游、下游企业间的协同创新，从而不断增加基于重大工程项目的技术创新产出。此外，业主方还可以利用重大工程锻造重大工程领域的产业链优势，不断提升全产业链的竞争优势地位和强壮性；补齐重大工程相关领域的短板，持续为保障国家安全、民众幸福提供稳健的供应链。

另一方面，政府方以及业主方需要做好顶层设计，加强重大工程协同创新体制机制建设。创新发展作为我国的一种发展理念，要在实践中表现出国家的创新能力，需要重大工程这一重要平台的贡献。重大工程对经济、社会和环境产生较大影响，如港珠澳大桥、三峡工程、南水北调等，其已被视为我国创新的主战场，是我国创新能力的综合体现。因此，政府方和业主方需要在项目决策阶段就确定某一重大工程的创新目标以及其在国家创新中的战略地位，在过程中加强协同创新体制机制的建设，促进重大工程项目相关的新技术、新材料、新设备、新能源、新装备的自主研发、攻关、大面积推广、市场化应用与迭代升级，从而促进协同创新绩效的提升、项目目标的实现以及国家竞争力的提升。

7.6 本章小结

重大工程多主体协同创新是多主体通过协同解决项目建设难题的过程，受到知识协同、组织协同和战略协同的影响，并通过不同影响因素间的动态、“非线性耦合”作用效果持续影响协同创新绩效。本章基于第 4～6 章的研究发现，利用复杂性与复杂适应系统和资源依赖理论，首先搭建了系统边界为“协同创新绩效系统-

组织协同子系统-知识协同子系统-战略协同子系统”的研究框架，根据现有文献和专家访谈结果进一步构建了影响因素间的因果关系模型、存量流量模型，并确定了数学方程关系。随后，根据重大工程多主体协同创新的实践情境设定了 5 种绩效提升方案，利用系统动力学方法开展了分析。结果表明，不同影响因素对协同创新绩效的作用效果是非线性增长的，随着时间的推进，累积的作用效果越来越明显；单个因素中激励程度的影响效果最显著，多个因素的共同作用对协同创新绩效提升具有非常显著的促进效果。战略协同、组织协同和知识协同 3 者间是一种“三位一体”且“辩证统一”的关系，3 个子系统互为条件并互相促进，最终促进了协同创新绩效的提升。基于数据分析的结果，本章提出了增加激励程度、增强知识管理、塑造共同价值观以及促进创新发展的重大工程多主体协同创新绩效提升策略，旨在为实践提供指导与建议。本章研究揭示了重大工程情境下多主体协同创新绩效提升的内在规律，并为重大工程多主体协同创新绩效提升提供了管理策略。

第 8 章

结论与展望

8.1 结　　论

重大工程一般为国家发起的大型公共工程，项目参建主体众多，复杂性高，创新性要求高，参建主体间关系比较复杂，经常面临“绩效悖论”的困境。重大工程多主体间的协同创新为重大工程项目创新及绩效提升奠定了基础。“协同创新”作为一种新的创新范式，在关于永久性组织的研究中取得了许多有益的成果，奠定了一定的理论基础。然而，基于永久性组织的协同创新研究在重大工程情境下还存在着某些不适应性。本书基于项目复杂性与复杂适应系统、资源依赖理论、交易成本理论以及利益相关者理论，探索了多主体参与协同创新的动机因素、多主体协同创新的形成及演化的复杂关系，并在此基础上探讨了多主体协同创新绩效的提升策略。主要研究结论如下。

基于资源依赖理论及交易成本理论，利用目的性抽样以及滚雪球抽样的问卷发放方式收集了我国重大工程实证数据，通过 *RII*、EFA 等方法开展了数据分析，最终提取形成了重大工程多主体协同创新动机识别模型。该模型包含 6 个主要维度和 18 个动机因素，6 个主要动机维度按照其重要性从高到低排序，依次为：共同应对项目挑战、提升项目绩效、获取奖励、互相学习、应对竞争、应对外部环境变化。其中，共同应对项目挑战这一主要动机维度包含“来自项目的支持”“响应项目相关要求”和“应对项目复杂性和不确定性”3 个动机因素；提升项目绩效这一主要动机维度包含“减少交易成本”“减少研发支出”“减少风险”和“提高资源效率”4 个动机因素；获取奖励这一主要动机维度包含“获得物质奖励”和“获得非物质奖励”2 个动机因素；互相学习这一主要动机维度包含“学习互补/新技能”“学习互补/新知识”和“学习互补/新技术”3 个动机因素；应对竞争这一主要动机维度包含“树立良好的企业形象和声誉”“展示企业的能力和创造力”和“提升企业的技能并获得竞争优势”3 个动机因素；应对外部环境变化这一主要动机维度包含“应对相关法规或规章”“应对市场变化”和“应对技术变化”3 个动机因素。

通过构建重大工程多主体协同创新的组态模型，并利用目的性抽样以及滚雪球抽样的问卷发放方式收集了重大工程实证数据，基于组态视角下的 fsQCA 方法分析了问卷调查数据，得到了重大工程多主体协同创新形成的 4 条等值组态路径：①互相学习、共同应对项目挑战、提升项目绩效、应对竞争和应对外部环境变化；②互相学习、共同应对项目挑战和提升项目绩效；③互相学习、获取奖励和应对竞争；④共同应对项目挑战、提升项目绩效、获取奖励和应对外部环境变化。这 4 条组态路径在促进多主体协同创新方面具有相同的作用效果，可分别适应于系统创新、激进式创新、二级供应商创新、模块化或结构式创新的形成。研究提供了多主体协同创新形成的不同见解，具有一定的创新性。

基于复杂性与复杂适应系统和利益相关者相关理论，首先构建了包含“影响因素-主体行为-系统动态演化”的重大工程多主体协同创新动态演化研究框架；随后利用重大工程实践数据开展了纵向案例分析，并与现有研究发现进行对比，系统归纳与演绎了多主体协同创新动态演化过程中的影响因素、多主体功能角色和显著性的动态变化以及多主体协同创新系统的演化阶段；最终提炼出重大工程多主体协同创新动态演化模型。研究发现，重大工程多主体协同创新的演化过程可分为形成、发展、成熟和再创新 4 个阶段；重大工程项目中多主体的显著性和功能角色在协同创新系统演化过程中也呈现了动态变化的特点；影响因素包括但不限于知识共享、知识转移、知识整合、共同的项目战略目标、项目文化和沟通等。研究揭示了重大工程情境下的多主体协同创新“为什么”和“怎么样”动态演化的内在机理。

通过搭建系统边界为“协同创新绩效系统-组织协同子系统-知识协同子系统-战略协同子系统”的研究框架，为分析多主体协同创新绩效提升策略打下基础。一方面，根据现有文献和专家访谈结果构建了影响因素间的因果关系模型、存量流量模型以及确定了数学方程关系；另一方面，根据重大工程多主体协同创新的实践情境设定了 5 种绩效提升方案。基于系统动力学的仿真分析发现，不同影响因素对协同创新绩效的作用效果是非线性增长的，随着时间的推进，累积的作用越来越明显，单个因素中激励程度的影响效果最显著，多个因素的共同作用对协同创新绩效提升具有非常显著的促进效果。战略协同、组织协同和知识协同 3 者间是一种“三位一体”且“辩证统一”的关系，3 个子系统互为条件并互相促进，最终促进协同创新绩效的提升。根据研究结果，提出了增加激励程度、增强知识管理、塑造共同价值观以及促进创新发展的重大工程多主体协同创新绩效提升策略，旨在为实践提供指导与建议。

8.2 管理启示

1) 对于业主

(1) 充分了解参建主体的动机，采取有效的管理措施来促进协同创新。例如，在项目前期阶段，业主可以形成正式的创新战略与管理组织架构，以促进多主体形成健康的协同创新系统，从而促进创新实施并提高重大工程项目绩效。具体地，可从制定项目工程流程、确定相关规章制度入手；进一步完善项目收益分配与成本分担制度，通过契约进行有效治理；重视组织间信任的重要作用等相关方面进行切入。细化的创新战略和创新方案能够将各个流程细化，从而帮助管理人员提高管理效率、帮助决策者选择最适用于公司或项目目标的创新类型和规则。同时，在实施过程中，需要根据各参建主体的利益需求“对症下药”，设置相匹配的管理方案，以充分激发各主体的积极性和主动性。例如，可以给予适当的激励(如口头表扬、金钱奖励等)以激发多主体的积极性和创造性，将领导权授予协同创新系统不同阶段的主导者。一方面，业主可以根据项目实际情况，针对性地设定与协同创新相关的物质激励方案，如在多个参建单位合作解决项目难题后，及时给予现金或者物品奖励等，以满足多主体的物质利益需求。另一方面，业主可以设定踮起脚能够得着的目标，调动参与单位的积极性和主动性。此外，在重大工程全生命周期中，业主需要持续性地对多参建单位间的协同创新进行支持，从而促进协同创新绩效的不断累积，为提升重大工程项目绩效打下坚实的基础。

(2) 根据不同的创新类型采用不同的动机因素组合来激励参建单位。对于那些激进式创新，业主应谨慎选择潜在供应商，在合同中对协同创新的形式和绩效指标提出详细要求，并建立促进协同创新的知识管理体系。对于系统创新，业主可以通过提出详细的协同创新要求、知识管理要求和绩效提升要求，来激励利益相关者参与不同的协同创新活动。对于模块化或结构式创新，业主需要仔细分析潜在用户需求，针对性地开发新产品或新服务。

(3) 推进伙伴关系。伙伴关系可作为未来重大工程项目促进多主体协同创新的有效工具，因此作为创新领导者的业主在项目中可以确立伙伴关系管理方案、推行伙伴关系实践行动、促进彼此间基于“伙伴关系”的沟通与交流，拒绝“命令式领导”，促进各个参与项目的单位高效开展创新活动，增加创新产出，提升项目绩效。同时，业主可以将领导权授予协同创新系统不同阶段的主导者，做到适当放权或者实行轮流领导。在我国重大工程项目中，业主经常采用大标段以及设计施工总承包等方式将部分权利授权给施工单位和设计单位以实现创新目标，实践结果也证明该种方式能充分调动各主体的创造性。

(4) 搭建良好的知识交流与知识管理平台，促进知识在多主体间的顺畅流通。具体地，业主可以在项目中营造知识共享文化氛围，提升各参建单位间的知识共享意愿；创建知识共享与转移平台或者数据库，保障各参建单位能快速获取相关知识、根据需求开展知识整合以应用到项目中；重视与项目相关的知识管理能力，包括知识吸收能力和知识转化能力；注重“正式”和“非正式”知识管理机制的构建，以充分发挥两者的互补作用。

2) 对于参建主体

(1) 把握机会，充分利用参与协同创新的契机来学习知识和技术。积极参与到协同创新活动中，通过知识分享、知识转移和知识整合等来吸收、总结前沿或互补的知识、技术和技能，促进自身综合水平的提升，获得更多的竞争优势，进而不断提高效率。例如，通过参与到激进型创新活动中，可以在几乎不产生交易成本的情况下，充分抓住机会学习、集成最先进的技术和知识，提高竞争力，应对快速变化的技术与市场环境。对于二级供应商来说，可以抓住重大工程项目协同创新的机会，帮助其获得相应的物质奖励，增加收入；同时也可以利用一级供应商的各项创新要求和资源，不断更新专业领域内的知识和技术，并进一步提高竞争力。通过参与模块化或结构式创新实践，借机进入行业内的新市场，拓展企业的业务范围。构建基于项目的知识管理平台，整合、吸收项目会议、项目报告和项目实践中的知识，为将来参与类似的项目打下坚实的基础。

(2) 充分利用项目中的伙伴关系。参与建设的设计单位、施工单位、咨询单位和材料设备供应商等，可以充分利用参与项目的机会来提升与其他单位的合作关系，从而增加信任、促进彼此间顺畅交流，共同加快项目建设进度、提升项目质量、保障项目安全，并提升业主满意度等；同时也可以在未来的项目中组成联合体投标，增强彼此的竞争力和收益。

(3) 发挥主观能动性，提升重大工程项目绩效。各参与单位经过招投标最终参与到项目建设、管理、咨询等相关活动中。因此，其需要在项目中与其他参与单位根据项目目标与实际情况，克服组织间差异，加强沟通、交流，促进组织间信任的提升。同时，各参与单位需要共同整合知识、资源、行动、绩效等相关资源，分享互惠知识，优化配置各种资源，同步具体行动以及互相配合促进彼此间的高匹配度，从而为加快项目进度、减少项目成本、提升项目质量、保障项目安全和提升各方满意度打下坚实基础。

3）对于国家

（1）加强重大工程协同创新体制机制建设，促进我国自主创新能力持续提升。重大工程作为我国创新的主战场，是我国创新能力的综合体现。因此，在国家层面需要加强协同创新体制机制的建设，促进重大工程项目相关的新技术、新材料、新设备、新能源和新装备的自主研发、攻关、大面积推广、市场化应用与迭代升级，从而帮助国家迅速在世界竞争中抢占高地。

（2）利用重大工程实现各个产业链或行业间的协同创新。我国各个产业链比较成熟、体系比较完备，可以围绕其部署我国的创新链，基于重大工程目标和任务，推动产业链相关的上游、中游和下游企业间的协同创新。锻造重大工程领域的产业链优势，不断提升全产业链的竞争优势地位和强壮性。补齐重大工程相关领域的短板，持续为保障国家安全、民众幸福提供稳健的供应链。

（3）发挥“集中力量办大事”显著优势，增强“卡脖子”技术攻关能力。我国重大工程具有典型的“政府-市场”二元制度情景，因此在面对投资额巨大、难度系数非常高、单个主体无法独自攻克的“卡脖子”“掉链子”核心技术相关领域，需要发挥“集中力量办大事”的体制优势，组织多元主体协同攻关、集中突破，不断提升多主体间的协同性以及我国的自主创新能力。

参考文献

REFERENCE

[1] ALTONEN K, KUJALA J, HAVELA L, et al. Stakeholder Dynamics during the Project Front-End: The Case of Nuclear Waste Repository Projects[J]. Project Management Journal, 2015, 46(6): 15-41.

[2] AKINTOYE A, MAIN J. Collaborative relationships in construction: the UK contractors' perception [J]. Engineering, Construction and Architectural Management, 2007, 14(6): 597-617.

[3] ALASHWAL A M, ABDUL-RAHMAN H. Using PLS-PM to model the process of inter-project learning in construction projects[J]. Automation in Construction, 2014, 44: 176-182.

[4] ALASSAF D, DABIĆ M, SHIFRER D, et al. The impact of open-border organization culture and employees' knowledge, attitudes, and rewards with regards to open innovation: an empirical study [J]. Journal of Knowledge Management, 2020, 24(9): 2273-2297.

[5] AMIR B, JAN TERJE K, NASSER MOTAHARI F. A Comprehensive Stakeholder-Typology Model Based on Salience Attributes in Construction Projects[J]. Journal of Construction Engineering and Management, 2019, 145(9): 04019048.

[6] AOUAD G, OZORHON B, ABBOTT C. Facilitating innovation in construction: Directions and implications for research and policy [J]. Construction Innovation, 2010, 10(4): 374-394.

[7] ARMSTRONG M, STEPHENS, T. A Handbook of Employee Reward Management and Practice[M]. Kogan Page Publishers, 2005.

[8] BACCARINI D. The concept of project complexity-a review [J].

International Journal of Project Management，1996，14(4)：201-204.

[9] BAGHERZADEH M，MARKOVICS，CHENG J，et al. How Does Outside-In Open Innovation Influence Innovation Performance? Analyzing the Mediating Roles of Knowledge Sharing and Innovation Strategy[J]. IEEE Transactions on Engineering Management，2020，67(3)：740-753.

[10] BALDWIN C，HIPPEL E V. Modeling a Paradigm Shift：From Producer Innovation to User and Open Collaborative Innovation[J]. Organization Science，2009，22(6)：1399-1417.

[11] BARBOSA A P F P L，SALERNO M S，NASCIMENTO P T D S，et al. Configurations of project management practices to enhance the performance of open innovation R&D projects[J]. International Journal of Project Management，2021，39(2)：128-138.

[12] BATTISTELLA C，NONINO F. Open innovation web-based platforms：The impact of different forms of motivation on collaboration [J]. Innovation，2012，14(4)：557-575.

[13] BATTISTELLA C，NONINO F. Exploring the impact of motivations on the attraction of innovation roles in open innovation web-based platforms [J]. Production Planning and Control，2013，24(2-3)：226-245.

[14] BELDERBOS R. CARREE M，LOKSHIN B. Cooperative R&D and firm performance[J]. Research Policy，2004，33(10)：1477-1492.

[15] BENGTSSON M，KOCK S. "Coopetition" in Business Networks—to Cooperate and Compete Simultaneously [J]. Industrial Marketing Management，2000，29(5)：411-426.

[16] BENITEZ G B，AYALA N F，FRANK A. G. Industry 4. 0 innovation ecosystems：An evolutionary perspective on value cocreation [J]. International Journal of Production Economics，2020，228：107735.

[17] BERCOVITZ J，FELDMAN M. Entrepreneurial universities and technology transfer：a conceptual framework for understanding knowledge-based economic development[J]. Journal of Technology Transfer，2008，31(1)：175-188.

[18] BLINDENBACH-DRIESSEN F，VAN DEN ENDE J. Innovation in project-based firms：The context dependency of success factors [J]. Research

Policy, 2006, 35(4): 545-561.

[19] BOATENG P, CHEN Z, OGUNLAN S O. An Analytical Network Process model for risks prioritisation in megaprojects[J]. International Journal of Project Management, 2015, 33(8): 1795-1811.

[20] BODAS FREITAS I M, VERSPAGEN B. The motivations, institutions and organization of university-industry collaborations in the Netherlands [J]. Journal of Evolutionary Economics, 2017, 27(3): 379-412.

[21] BOSSINK B A G. Managing Drivers of Innovation in Construction Networks[J]. Journal of Construction Engineering and Management, 2004, 130(3): 337-345.

[22] BRÖCHNER J, LAGERQVIST O. From ideas to construction innovations: firms and universities collaborating [J]. Construction Economics and Building, 2016, 16(1): 76-89.

[23] BROCKMANN C, BREZINSKI H, ERBE A. Innovation in Construction Megaprojects[J]. Journal of Construction Engineering and Management, 2016, 142(11): 04016059.

[24] BUCIC T, NGO L V. Examining drivers of collaborative inbound open innovation: Empirical evidence from Australian firms[J]. International Journal of Innovation Management, 2012, 16(4): 123-167.

[25] CALLENS C, VERHOEST K, BOON J. Combined effects of procurement and collaboration on innovation in public-private-partnerships: a qualitative comparative analysis of 24 infrastructure projects[J]. Public Management Review, 2021, ahead-of-print (ahead-of-print).

[26] CANTARELLI C C. Innovation in megaprojects and the role of project complexity[J]. Production Planning & Control, 2020: 1-14.

[27] CARMELI A, SCHAUBROECK J, TISHLER A. How CEO empowering leadership shapes top management team processes: Implications for firm performance[J]. The Leadership Quarterly, 2011, 22(2): 399-411.

[28] CHANG C-Y, CHOU H-Y. Transaction-cost approach to the comparative analysis of user-pay and government-pay public-private partnership systems [J]. Journal of Construction Engineering and Management, 2014, 140(9): 04014039.

[29] CHAPARRO-PELÁEZ J, AGUDO-PEREGRINA Á F, PASCUAL-MIGUEL F J. Conjoint analysis of drivers and inhibitors of e-commerce adoption[J]. Journal of Business Research, 2016, 69(4): 1277-1282.
[30] CHEN H, JIN Z, SU Q, et al. The roles of captains in megaproject innovation ecosystems: the case of the Hong Kong-Zhuhai-Macau Bridge [J]. Engineering, Construction and Architectural Management, 2020, 28 (3): 662-680.
[31] CHEN X, HE Q, ZHANG X, et al. What motivates stakeholders to engage in collaborative innovation in the infrastructure megaprojects[J]. Journal of Civil Engineering and Management, 2021, 27(8): 579-594.
[32] CHEN X, LOCATELLI G, ZHANG X, et al. Firm and project innovation outcome measures in infrastructure megaprojects: An interpretive structural modelling approach[J]. Technovation, 2021: 102349.
[33] CHINYIO E A, AKINTOYE A. Practical approaches for engaging stakeholders: Findings from the UK[J]. Construction Management and Economics, 2008, 26(6): 591-599.
[34] CINCERA M, KEMPEN L, POTTELSBERGHE B, et al. Productivity growth, R&D and the role of international collaborative agreements: some evidence of Belgium manufacturing companies [J]. Brussels Economic Review, 2003, 46(3): 107-140.
[35] COASE R H. The nature of the firm[J]. Economica, 1937, 4(16): 386-405.
[36] COVA B, SALLE R. Six key points to merge project marketing into project management[J]. International Journal of Project Management, 2005, 23 (5): 354-359.
[37] DAMANPOUR F, EVAN W M. Organizational Innovation and Performance: the Problem of "Organizational Lag"[J]. Administrative Science Quarterly, 1984, 29(3): 392-409.
[38] DAVIES A, BRADY T. Innovation in megaprojects: Building client and contractor capabilities to improve performance[C]. Paper presented at the Research Colloquium Managing Projects. TU Berlin, 2016.
[39] DAVIES A, BRADY T, PRENCIPE A, et al. Innovation in Complex

Products and Systems: Implications for Project-Based Organizing [J]. Project-Based Organizing and Strategic Management, 2015, 28: 3-26.
[40] DAVIES A, DODGSON M, GANN D M, et al. Five rules for managing large, complex projects[J]. MIT Sloan Management Review, 2017, 59(1): 73-78.
[41] DAVIES A, GANN D M, DOUGLAS T. Innovation in Megaprojects: Systems Integration at London Heathrow Terminal 5 [J]. California Management Review, 2009, 51(2): 101-125+104.
[42] DAVIES A, MACAULAY S, DEBARRO T, et al. Making Innovation Happen in a Megaproject: London's Crossrail Suburban Railway System [J]. Project Management Journal, 2014, 45(6): 25-37.
[43] DAVIES A, MACKENZIE I. Project complexity and systems integration: constructing the London 2012 Olympics and Paralympics games [J]. International Journal of Project Management, 2014, 32(5): 773-790.
[44] DAVIS J P, EISENHARDT K M. Rotating Leadership and Collaborative Innovation[J]. Administrative Science Quarterly, 2011, 56(2): 159-201.
[45] DE LUCA L M, ATUAHENE-GIMA K. Market Knowledge Dimensions and Cross-functional Collaboration: Examining the Different Routes to Product Innovation Performance[J]. Journal of Marketing, 2007, 71(1): 95-112.
[46] DERAKHSHAN R, TURNER R, MANCINI M. Project governance and stakeholders: a literature review [J]. International Journal of Project Management, 2019, 7(1): 98-116.
[47] DEWAR R D, DUTTON J E. The Adoption of Radical and Incremental Innovations: An Empirical Analysis [J]. Management Science, 1986, 32 (11): 1422-1433.
[48] DI MADDALONI F, DAVIS K. The influence of local community stakeholders in megaprojects: Rethinking their inclusiveness to improve project performance [J]. International Journal of Project Management, 2017, 35: 1537-1556.
[49] DODGSON M, GANN D, MACAULAY S, et al. Innovation strategy in new transportation systems: The case of Crossrail [J]. Transportation

Research Part A: Policy and Practice, 2015, 77: 261-275.
[50] DOLOI H, SAWHNEY A, IYER K C, et al. Analysing factors affecting delays in Indian construction projects[J]. International Journal of Project Management, 2012, 30(4): 479-489.
[51] DRĂGAN G B, VASILACHE R O, SCHIN G C. Exploring eco-label industry actors' perceptions on the capabilities of a forthcoming multiple project management software—An fsQCA approach [J]. Journal of Business Research, 2020, 115: 281-288.
[52] DUNCAN R B. The Ambidextrous Organization: Designing Dual Structures for Innovation[J]. The Management of Organization, 1976, (1): 167-188.
[53] EBERS M. Explaining Inter-Organizational Network Formation[J]. The Formation of Inter-Organizational Networks, 1997, 1: 3-40.
[54] ENDERWICK P, BUCKLEY P J. Beyond supply and assembly relations: Collaborative innovation in global factory systems[J]. Journal of Business Research, 2019, 103: 547-556.
[55] ESPOSITO DE FALCO S, RENZI A, ORLANDO B, et al. Open collaborative innovation and digital platforms[J]. Production Planning and Control, 2017, 28(16): 1344-1353.
[56] EZELDIN A S, ABU-GHAZALA H. Quality management system for design consultants: Development and application on projects in the middle east[J]. Journal of Management in Engineering, 2007, 23(2): 75-87.
[57] FAN D, LI Y, CHEN L. Configuring innovative societies: The crossvergent role of cultural and institutional varieties[J]. Technovation, 2017, 66-67: 43-56.
[58] FERNANDES G, ARAÚJO M, ANDRADE R, et al. Critical factors for benefits realisation in collaborative university-industry R&D programs [J]. International Journal of Project Organisation and Management, 2020, 12(1): 1-30.
[59] FERNANDES T, REMELHE P. How to engage customers in co-creation: customers' motivations for collaborative innovation[J]. Journal of Strategic

Marketing, 2016, 24(3-4): 311-326.

[60] FERNANDO S, PANUWATWANICH K, THORPE D. Analyzing client-led innovation enablers in Australian construction projects[J]. International Journal of Managing Projects in Business, 2020a, 13(2): 388-408.

[61] FERNANDO S, PANUWATWANICH K, THORPE D. Introducing an innovation promotion model for construction projects[J]. Engineering, Construction and Architectural Management, 2020b, 28(3): 728-746.

[62] FISS P C. A set-theoretic approach to organizational configurations[J]. Academy of Management Review, 2007, 32(4): 1180-1198.

[63] FISS P C. Building better causal theories: a fuzzy set approach to typologies in organization research[J]. Academic of Management Journal, 2011, 54(2): 393-420.

[64] FISS P C, CAMBRÉ B, MARX A. Chapter 1 Configurational Theory and Methods in Organizational Research: Introduction [M]. Emerald Publishing Limited, 2023, 38: 1-22.

[65] FLYVBJERG B. What you Should Know about Megaprojects and Why: An Overview[J]. Project Management Journal, 2014, 45(2): 6-19.

[66] FORNELL C, LARCKER D F. Evaluating structural equation models with unobservable variables and measurement error[J]. Journal of Marketing research, 1981, 18(1): 39-50.

[67] FOROUDI P, NAZARIAN A, ZIYADIN S, et al. Co-creating brand image and reputation through stakeholder's social network [J]. Journal of Business Research, 2020, 114: 42-59.

[68] FREEMAN C, SOETE L. Developing science, technology and innovation indicators: What we can learn from the past[J]. Research Policy, 2009, 38(4): 583-589.

[69] FRINSDORF O, ZUO J, XIA B. Critical factors for project efficiency in a defence environment[J]. International Journal of Project Management, 2014, 32(5): 803-814.

[70] FÜLLER J. Refining virtual co-creation from a consumer perspective [J]. California Management Review, 2010, 52(2): 98-122.

[71] GATZWEILER A, BLAZEVIC V, PILLER F T. Dark Side or Bright

Light: Destructive and Constructive Deviant Content in Consumer Ideation Contests[J]. Journal of Product Innovation Management, 2017, 34(6): 772-789.

[72] GELLERT P K, LYNCH B D. Megaprojects as displacements [J]. International Social Science Journal, 2003, 55(175): 15-25.

[73] GEORGE G, MCGAHAN A M, PRABHU J. Innovation for Inclusive Growth: Towards a Theoretical Framework and a Research Agenda [J]. Journal of Management Studies, 2012, 49(4): 661-683.

[74] GERKE A, LUZZINI D, MENA C. Innovation configurations in sport clusters: The role of interorganizational citizenship and social capital [J]. Journal of Business Research, 2021, 133: 409-419.

[75] GIL N, FU Y. Megaproject performance, value creation and value distribution: an organizational governance perspective [J]. Academy of Management Discoveries, 2021, ahead-of-print: ahead-of-print.

[76] GIL N, MIOZZO M, MASSINI S. The innovation potential of new infrastructure development: An empirical study of Heathrow airport's T5 project[J]. Research Policy, 2012, 41(2): 452-466.

[77] GILSING V, BEKKERS R, BODAS FREITAS I M, et al. Differences in technology transfer between science based and development based industries: Transfer mechanisms and barriers[J]. Technovation, 2011, 31(12): 638-647.

[78] GOEL A, GANESH L S, KAUR A. Social sustainability considerations in construction project feasibility study: a stakeholder salience perspective [J]. Engineering, Construction and Architectural Management, 2020, 27(7): 1429-1459.

[79] GOH E, LOOSEMORE M. The impacts of industrialization on construction subcontractors: a resource based view [J]. Construction Management and Economics, 2017, 35(5): 288-304.

[80] GOMES L A D V, FACIN A L F, SALERNO M S, et al. Unpacking the innovation ecosystem construct: Evolution, gaps and trends [J]. Technological Forecasting and Social Change, 2018, 136: 30-48.

[81] GRECO M, GRIMALDI M, LOCATELLI G, et al. How does open

innovation enhance productivity? An exploration in the construction ecosystem [J]. Technological Forecasting and Social Change, 2021, 168: 120740.

[82] GREER C R, LEI D. Collaborative Innovation with Customers: A Review of the Literature and Suggestions for Future Research[J]. International Journal of Management Reviews, 2012, 14(1): 63-84.

[83] GUERTLER M R, SICK N. Exploring the enabling effects of project management for SMEs in adopting open innovation—A framework for partner search and selection in open innovation projects[J]. International Journal of Project Management, 2021, ahead of print(ahead of print).

[84] GULATI R. Network location and learning: The influence of network resources and firm capabilities on alliance formation [J]. Strategic Management Journal, 1999, 20(5): 397-420.

[85] GUNDUZ M, ABDI E A. Motivational Factors and Challenges of Cooperative Partnerships between Contractors in the Construction Industry [J]. Journal of Management in Engineering, 2020, 36(4): 04020018.

[86] GÜNDÜZ M, NIELSEN Y, ÖZDEMIR M. Quantification of Delay Factors Using the Relative Importance Index Method for Construction Projects in Turkey[J]. Journal of Management in Engineering, 2013, 29(2): 133-139.

[87] HAASKJOLD H, ANDERSEN B, LÆDRE O, et al. Factors affecting transaction costs and collaboration in projects[J]. International Journal of Managing Projects in Business, 2020, 13(1): 197-230.

[88] HAIDER S A, ZUBAIR M, TEHSEEN S, et al. How does ambidextrous leadership promote innovation in project-based construction companies? Through mediating role of knowledge-sharing and moderating role of innovativeness[J]. European Journal of Innovation Management, 2021, ahead-of-print(ahead-of-print).

[89] HAKEN H. Synergetics[M]. Berlin: Springer, 1983.

[90] HANNA V, WALSH K. Small firm networks: A successful approach to innovation? [J]. R and D Management, 2002, 32(3): 201-207.

[91] HARTMANN A, REYMEN I M M J, VAN OOSTEROM G. Factors constituting the innovation adoption environment of public clients [J].

Building Research and Information, 2008, 36(5): 436-449.
[92] HAVENVID M I, HULTHÉN K, LINNÉ Å, et al. Renewal in construction projects: tracing effects of client requirements [J]. Construction Management and Economics, 2016, 34(11): 790-807.
[93] HE Q, CHEN X, WANG G, et al. Managing social responsibility for sustainability in megaprojects: An innovation transitions perspective on success[J]. Journal of Cleaner Production, 2019, 241: 118395.
[94] HE Q, LUO L, HU Y, et al. Measuring the complexity of mega construction projects in China—A fuzzy analytic network process analysis [J]. International Journal of Project Management, 2015, 33(3): 549-563.
[95] HEATON S, SIEGEL D S, TEECE D J. Universities and innovation ecosystems: a dynamic capabilities perspective[J]. Industrial and Corporate Change, 2019, 28(4): 921-939.
[96] HERAVI A, COFFEY V, TRIGUNARSYAH B. Evaluating the level of stakeholder involvement during the project planning processes of building projects[J]. International Journal of Project Management, 2015, 33(5): 985-997.
[97] HERNANDEZ-ESPALLARDO M, OSORIO-TINOCO F, RODRIGUEZ-OREJUELA A. Improving firm performance through inter-organizational collaborative innovations: The key mediating role of the employee's job-related attitudes[J]. Management Decision, 2018, 56(6): 1167-1182.
[98] HIRSCHMAN A O. Development Projects Observed[M]. Washington: Brookings Institution, 1995.
[99] HOFSTETTER R, ZHANG J Z, HERRMANN A. Successive Open Innovation Contests and Incentives: Winner-Take-All or Multiple Prizes? [J]. Journal of Product Innovation Management, 2018, 35(4): 492-517.
[100] HOJNIK J, RUZZIER M. What drives eco-innovation? A review of an emerging literature [J]. Environmental Innovation and Societal Transitions, 2016, 19: 31-41.
[101] HOLLAND J H. 隐秩序:适应性造就复杂[M](周晓牧 & 韩晖,Trans.). 上海:上海科技教育出版社,2000.
[102] HOPPMANN J. Hand in hand to Nowhereland? How the resource

dependence of research institutes influences their co-evolution with industry[J]. Research Policy, 2021, 50(2): 104145.

[103] HU Y, CHAN A P C, LE Y, et al. From Construction Megaproject Management to Complex Project Management: Bibliographic Analysis [J]. Journal of Management in Engineering, 2015, 31(4): 1-11.

[104] INVERNIZZI D C, LOCATELLI G, BROOKES N J. A methodology based on benchmarking to learn across megaprojects[J]. International Journal of Managing Projects in Business, 2018, 11(1): 104-121.

[105] JOHNSTON A. Open innovation and the formation of university-industry links in the food manufacturing and technology sector: Evidence from the UK[J]. European Journal of Innovation Management, 2021, 24(1): 89-107.

[106] KAO S, WU C. The role of creation mode and social networking mode in knowledge creation performance: Mediation effect of creation process [J]. Information and Management, 2016, 53(6): 803-816.

[107] KARLSEN J T. Project Stakeholder Management [J]. Engineering Management Journal, 2002, 14(4): 19-24.

[108] KELLEY D, LEE H. Managing innovation champions: The impact of project characteristics on the direct manager role[J]. Journal of Product Innovation Management, 2010, 27(7): 1007-1019.

[109] KESKIN B, SALMAN B, OZORHON B. Airport project delivery within BIM-centric construction technology ecosystems [J]. Engineering, Construction and Architectural Management, 2020, 28(2): 530-548.

[110] KHEDHAOURIA A, CUCCHI A. Technostress creators, personality traits, and job burnout: A fuzzy-set configurational analysis[J]. Journal of Business Research, 2019, 101: 349-361.

[111] KHRAISHI A, HUQ F, PAULRAJ A. Offshoring innovation: An empirical investigation of dyadic complementarity within SMEs [J]. Journal of Business Research, 2020, 118: 86-97.

[112] LAAGE-HELLMAN J, LIND F, PERNA A. The role of openness in collaborative innovation in industrial networks: historical and contemporary cases[J]. Journal of Business and Industrial Marketing,

2021, 36(13): 116-128.
[113] LAPLANE A, MAZZUCATO M. Socializing the risks and rewards of public investments: Economic, policy, and legal issues[J]. Research Policy: X, 2020, 2: 100008.
[114] LAVIKKA R, SEPPÄNEN O, PELTOKORPI A, et al. Fostering process innovations in construction through industry-university consortium [J]. Construction Innovation, 2020, 20(4): 569-586.
[115] LEHTINEN J, PELTOKORPI A, ARTTO K. Megaprojects as organizational platforms and technology platforms for value creation [J]. International Journal of Project Management, 2019, 37(1): 43-58.
[116] LEKAN A, CLINTON A, FAYOMI O S I, et al. Lean thinking and industrial 4.0 approach to achieving construction 4.0 for industrialization and technological development[J]. Buildings, 2020, 10(12): 221-227.
[117] LEUNG M, YU J, LIANG Q. Improving Public Engagement in Construction Development Projects from a Stakeholder's Perspective [J]. Journal of Construction Engineering and Management, 2013, 139 (11): 04013019.
[118] LEVERICK F, LITTLER D. Risks and Rewards of Collaboration [M]. Manchester: Manchester School of Management, UMIST, 1993.
[119] LEVITT R E, HENISZ W, SCOTT W R, et al. Governance Challenges of Infrastructure Delivery: The Case for Socio-Economic Governance Approaches [C] //Proceedings of the Construction Research Congress 2010.
[120] LI-YING J, MOTHE C, NGUYEN T T U. Linking forms of inbound open innovation to a driver-based typology of environmental innovation: Evidence from French manufacturing firms[J]. Technological Forecasting and Social Change, 2018, 135: 51-63.
[121] LI H, ARDITI D, WANG Z. Factors that affect transaction costs in construction projects [J]. Journal of Construction Engineering and Management, 2013, 139(1): 60-68.
[122] LI Y, LU Y, CUI Q, et al. Organizational Behavior in Megaprojects: Integrative Review and Directions for Future Research[J]. Journal of

Management in Engineering, 2019, 35(4): 04019009.
[123] LI Y, CHEN P, CHEW D A S, et al. Exploration of critical external partners of Architecture/Engineering/Construction (AEC) firms for delivering green building projects in Singapore[J]. Journal of Green Building, 2012, 7(3): 193-209.
[124] LIN M, LIU X, YIN H, et al. Semi-rigid system for immersed tunnel [J]. Proceedings of the Institution of Civil Engineers-Structures and Buildings, 2021, 0(0): 1-24.
[125] LIN X, HO C M F, SHEN G Q. For the balance of stakeholders' power and responsibility: A collaborative framework for implementing social responsibility issues in construction projects[J]. Management Decision, 2018, 56(3): 550-569.
[126] LIN X, MCKENNA B, HO C M F, et al. Stakeholders' influence strategies on social responsibility implementation in construction projects [J]. Journal of Cleaner Production, 2019, 235: 348-358.
[127] LIU A M M, CHAN I Y S. Critical Role of the Learning Transfer Climate in Fostering Innovation in Construction[J]. Journal of Management in Engineering, 2017, 33(3): 04016050.
[128] LIU B, HU Y, WANG A, et al. Critical Factors of Effective Public Participation in Sustainable Energy Projects[J]. Journal of Management in Engineering, 2018, 34(5).
[129] LIU H, LIU Z, LAI Y, et al. Factors influencing collaborative innovation project performance: the case of china[J]. Sustainability (Switzerland), 2021, 13(13): 7380.
[130] LLOYD-WALKER B M, MILLS A J, WALKER D H T. Enabling construction innovation: The role of a no-blame culture as a collaboration behavioural driver in project alliances[J]. Construction Management and Economics, 2014, 32(3): 229-245.
[131] LOCATELLI G, GRECO M, INVERNIZZI D C, et al. What about the people? Micro-foundations of open innovation in megaprojects [J]. International Journal of Project Management, 2021, 39(2): 115-127.
[132] LOCATELLI G, LITTAU P, BROOKES N J, et al. Project

Characteristics Enabling the Success of Megaprojects: An Empirical Investigation in the Energy Sector[J]. Procedia-Social and Behavioral Sciences, 2014, 119: 625-634.

[133] LOCATELLI G, MIKIC M, KOVACEVIC M, et al. The Successful Delivery of Megaprojects: A Novel Research Method [J]. Project Management Journal, 2017, 48(5): 78-94.

[134] LU C, RONG K, YOU J, et al. Business ecosystem and stakeholders' role transformation: Evidence from Chinese emerging electric vehicle industry [J]. Expert Systems with Applications, 2014, 41(10): 4579-4595.

[135] LU S, SEXTON M. Innovation in small construction knowledge-intensive professional service firms: A case study of an architectural practice [J]. Construction Management and Economics, 2006, 24(12): 1269-1282.

[136] MARTÍNEZ-CAÑAS R, RUIZ-PALOMINO P, LINUESA-LANGREO, et al. Consumer participation in co-creation: An enlightening model of causes and effects based on ethical values and transcendent motives [J]. Frontiers in Psychology, 2016, 7: 793-791-793-717.

[137] MEYER A D, TSUI A S, HININGS C R. Configurational approaches to organizational analysis[J]. Academy of Management Journal, 1993, 36(6): 1175-1195.

[138] MICHELFELDER I, KRATZER J. Journal of Product Innovation Management[J]. Why and how combining strong and weak ties within a single interorganizational R&D collaboration outperforms other collaboration structures, 2013, 30(6): 1159-1177.

[139] MIKALEF P, PATELI A. Information technology-enabled dynamic capabilities and their indirect effect on competitive performance: Findings from PLS-SEM and fsQCA[J]. Journal of Business Research, 2017, 70: 1-16.

[140] MISSONIER S, LOUFRANI-FEDIDA S. Stakeholder analysis and engagement in projects: from stakeholder relational perspective to stakeholder relational ontology [J]. International Journal of Project Management, 2014, 32(7): 1108-1122.

[141] MITCHELL R K, AGLE B R, WOOD D J. Toward a theory of

stakeholder identification and salience. Defining the principle of who and what really counts [J]. Academy of Management Review, 1997, 22: 853-886.

[142] MOORE J F. Predators and prey: a new ecology of competition [J]. Harvard Business Review, 1993, 71(3): 75-86.

[143] MORITZ A, NAULIN T, LUTZ E. Accelerators as drivers of coopetition among early-stage startups[J]. Technovation, 2021: 102378.

[144] MU W, BIAN Y, ZHAO J L. The role of online leadership in open collaborative innovation: Evidence from blockchain open source projects [J]. Industrial Management and Data Systems, 2019, 119(9): 1969-1987.

[145] MULHOLLAND C, CHAN P W, CANNING K, et al. Social value for whom, by whom and when? Managing stakeholder dynamics in a UK megaproject [J]. Proceedings of Institution of Civil Engineers: Management, Procurement and Law, 2020, 173(2): 75-86.

[146] MUSTAFA G, ALI N. Rewards, autonomous motivation and turnover intention: Results from a non-Western cultural context [J]. Cogent Business and Management. 2019, 6(1): 1676090.

[147] NESTLE V, TÄUBE F A, HEIDENREICH S, et al. Establishing open innovation culture in cluster initiatives: The role of trust and information asymmetry[J]. Technological Forecasting and Social Change, 2019, 146: 563-572.

[148] NGUYEN D A, GARVIN M J, GONZALEZ E E. Risk allocation in U. S. Public-private partnership highway project contracts[J]. Journal of Construction Engineering and Management, 2018, 144(5): 04018017.

[149] NIKAS A, POULYMENAKOU A, KRIARIS P. Investigating antecedents and drivers affecting the adoption of collaboration technologies in the construction industry[J]. Automation in Construction, 2007, 16 (5): 632-641.

[150] NING Y. Combining formal controls and trust to improve dwelling fit-out project performance: A configurational analysis[J]. International Journal of Project Management, 2017, 35(7): 1238-1252.

[151] NUNNALLY J C. Psychometric theory (3rd edn) [M]. New York:

McGraw-Hill Education，1978.

[152] OKAMURO H，KATO M，HONJO Y. Determinants of R&D cooperation in Japanese start-ups[J]. Research Policy，2011，40(5)：728-738.

[153] OLANDER S，LANDIN A. Evaluation of stakeholder influence in the implementation of construction projects[J]. International Journal of Project Management，2005，23(4)：321-328.

[154] OWOLABI H A，OYEDELE L O，ALAKA H A，et al. Critical Success Factors for Ensuring Bankable Completion Risk in PFI/PPP Megaprojects[J]. Journal of Management in Engineering，2020，36(1)：04019032.

[155] OZORHON B. Analysis of Construction Innovation Process at Project Level[J]. Journal of Management in Engineering，2013a，29(4)：455-463.

[156] OZORHON B. Response of Construction Clients to Low-Carbon Building Regulations[J]. Journal of Construction Engineering and Management，2013b，139(12).

[157] OZORHON B，ORAL K. Drivers of Innovation in Construction Projects[J]. Journal of Construction Engineering and Management，2017，143(4)：04016118.

[158] PAPADONIKOLAKI E. Loosely Coupled Systems of Innovation：Aligning BIM Adoption with Implementation in Dutch Construction[J]. Journal of Management in Engineering，2018，34(6)：05018009.

[159] PAPPAS I O，KOUROUTHANASSIS P E，GIANNAKOS M N，et al. Explaining online shopping behavior with fsQCA：The role of cognitive and affective perceptions[J]. Journal of Business Research，2016，69(2)：794-803.

[160] PARJANEN S. Experiencing creativity in the organization：From individual creativity to collective creativity[J]. Interdisciplinary Journal of Information，Knowledge，and Management，2012，7：109-128.

[161] PARK H Y，MISRA K，REDDY S，et al. Family firms' innovation drivers and performance：a dynamic capabilities approach[J]. Journal of Family Business Management，2019，9(1)：4-23.

[162] PAUGET B，WALD A. Relational competence in complex temporary

organizations: The case of a French hospital construction project network [J]. International Journal of Project Management, 2013, 31(2): 200-211.

[163] PFEFFER J, SALANCIK G R. The external control of organizations: A resource dependence perspective [M]. New York: Harper and Row, 1978.

[164] PLATT J. "Case Study" in American Methodological Thought [J]. Current Sociology, 1992, 40(1): 17-48.

[165] PRENCIPE A, TELL F. Inter-project learning: Processes and outcomes of knowledge codification in project-based firms [J]. Research Policy, 2001, 30(9): 1373-1394.

[166] QIANG G, CAO D, WU G, et al. Dynamics of Collaborative Networks for Green Building Projects: Case Study of Shanghai [J]. Journal of Management in Engineering, 2021, 37(3): 05021001.

[167] QIU Y, CHEN H, SHENG Z, et al. Governance of institutional complexity in megaproject organizations [J]. International Journal of Project Management, 2019, 37(3): 425-443.

[168] RAGIN C C. Fuzzy-set social science[M]. Chicago: The University of Chicago Press, 2000.

[169] RAGIN C C. Redesigning Social Inquiry: Fuzzy Sets and beyond[M]. Chicago, IL: University of Chicago Press, 2008.

[170] RAJALO S, VADI M. University-industry innovation collaboration: Reconceptualization[J]. Technovation, 2017, 62-63: 42-54.

[171] REYNOLDS E B, UYGUN Y. Strengthening advanced manufacturing innovation ecosystems: The case of Massachusetts [J]. Technological Forecasting and Social Change, 2018, 136: 178-191.

[172] RIHOUX B, RAGIN C C. Configurational comparative methods: Qualitative comparative analysis (QCA) and related techniques[M]. Los Angeles: Sage, 2009.

[173] RONG K, PATTON D, CHEN W. Business models dynamics and business ecosystems in the emerging 3D printing industry [J]. Technological Forecasting and Social Change, 2018, 134: 234-245.

[174] ROSE T M, MANLEY K. Adoption of innovative products on Australian

road infrastructure projects [J]. Construction Management and Economics, 2012, 30(4): 277-298.

[175] RUSSO I, CONFENTE I, GLIGOR D, et al. A roadmap for applying qualitative comparative analysis in supply chain research: The reverse supply chain case[J]. International Journal of Physical Distribution and Logistics Management, 2019, 49(1): 99-120.

[176] RUTTEN M E J, DORÉE A G, HALMAN J I M. Innovation and interorganizational cooperation: a synthesis of literature[J]. Construction Innovation, 2009, 9(3): 285-297.

[177] SCHNEIDER C Q, WAGEMANN C. Standards of good practice in qualitative comparative analysis (QCA) and fuzzy-sets[J]. Comparative Sociology, 2010, 9(3): 397-418.

[178] SCHNEIDER M R, SCHULZE-BENTROP C, PAUNESCU M. Mapping the institutional capital of high-tech firms: A fuzzy-set analysis of capitalist variety and export performance[J]. Journal of International Business Studies, 2010, 41(2): 246-266.

[179] SCHWARTZ M, PEGLOW F, FRITSCH M, et al. What drives innovation output from subsidized R&D cooperation? —Project-level evidence from Germany[J]. Technovation, 2012, 32(6): 358-369.

[180] SERGEEVA N, ZANELLO C. Championing and promoting innovation in UK megaprojects[J]. International Journal of Project Management, 2018, 36(8): 1068-1081.

[181] SERRANO V, FISCHER T. Collaborative innovation in ubiquitous systems[J]. Journal of Intelligent Manufacturing, 2007, 18(5): 599-615.

[182] SHENHAR A. One size does not fit all projects: exploring classical contingency domains[J]. Management Science, 2001, 47(3): 394-414.

[183] SHI Q, WANG Q, GUO Z. Knowledge sharing in the construction supply chain: collaborative innovation activities and BIM application on innovation performance [J]. Engineering, Construction and Architectural Management, 2021, ahead-of-print(ahead-of-print).

[184] SINGH S K, GUPTA S, BUSSO D, et al. Top management knowledge value, knowledge sharing practices, open innovation and organizational

performance[J]. Journal of Business Research, 2021, 128: 788-798.
[185] SLAUGHTER E S. Models of construction innovation[J]. Journal of Construction Engineering and Management, 1998, 124(3): 226-231.
[186] STEINMO M, RASMUSSEN E. The interplay of cognitive and relational social capital dimensions in university-industry collaboration: Overcoming the experience barrier[J]. Research Policy, 2018, 47(10): 1964-1974.
[187] STILGOE J, OWEN R, MACNAGHTEN P. Developing a framework for responsible innovation[J]. Research Policy, 2013, 42(9): 1568-1580.
[188] STOJČIĆ N. Collaborative innovation in emerging innovation systems: Evidence from Central and Eastern Europe[J]. Journal of Technology Transfer, 2020, 46(2): 531-562.
[189] SUN Y, LIU J, DING Y. Analysis of the relationship between open innovation, knowledge management capability and dual innovation[J]. Technology Analysis and Strategic Management, 2020, 32(1): 15-28.
[190] SUPRAPTO M, BAKKER H L M, MOOI HG. Relational factors in owner-contractor collaboration: The mediating role of teamworking [J]. International Journal of Project Management, 2015, 33(6): 1347-1363.
[191] TANG T Y, FISHER G J, QUALLS W J. The effects of inbound open innovation, outbound open innovation, and team role diversity on open source software project performance[J]. Industrial Marketing Management, 2021, 94: 216-228.
[192] TERHORST A, LUSHER D, BOLTON D, et al. Tacit Knowledge Sharing in Open Innovation Projects[J]. Project Management Journal, 2018, 49(4): 5-19.
[193] UM K, KIM S. The effects of supply chain collaboration on performance and transaction cost advantage: The moderation and nonlinear effects of governance mechanisms [J]. International Journal of Production Economics, 2019, 217: 97-111.
[194] VAN DE MEENE S, BETTINI Y, HEAD B W. Transitioning toward Sustainable Cities—Challenges of Collaboration and Integration [J]. Sustainability, 2020, 12(11): 4509.

[195] VAN DER HAVE R P, RUBALCABA L. Social innovation research: An emerging area of innovation studies? [J]. Research Policy, 2016, 45(9): 1923-1935.

[196] WALKER D H T, LLOYD-WALKER B M. Understanding the motivation and context for alliancing in the Australian construction industry [J]. International Journal of Managing Projects in Business, 2016, 9 (1): 74-93.

[197] WANG C, HU Q. Knowledge sharing in supply chain networks: Effects of collaborative innovation activities and capability on innovation performance[J]. Technovation, 2020, 94-95: 102010.

[198] WANG S, NOE R A. Knowledge sharing: a review and directions for future research[J]. Human Resource Management Review, 2010, 20(2): 115-131.

[199] WANG Y, LIU J, GAO R, et al. Government subsidies in public-private partnership projects based on altruistic theory[J]. International Journal of Strategic Property Management, 2020, 24(3): 153-164.

[200] WEAVER P. (2007). A simple view of complexity in project management [C] // Paper presented at the the 4th World Project Management Week, Singapore.

[201] WHITTY S J, MAYLOR H. And then came Complex Project Management (revised) [J]. International Journal of Project Management, 2009, 27 (3): 304-310.

[202] WINCH G M. Three domains of project organising [J]. International Journal of Project Management, 2014, 32(5): 721-731.

[203] WOODSIDE A G. Moving beyond multiple regression analysis to algorithms: Calling for adoption of a paradigm shift from symmetric to asymmetric thinking in data analysis and crafting theory [J]. Journal of Business Research, 2013, 66(4): 463-472.

[204] WOODSIDE A G. Embrace erform model: Complexity theory, contrarian case analysis, and multiple realities [J]. Journal of Business Research, 2014, 67(12): 2495-2503.

[205] WORSNOP T, MIRAGLIA S, DAVIES A. Balancing Open and Closed

Innovation in Megaprojects: Insights from Crossrail [J]. Project Management Journal, 2016, 47(4): 79-94.

[206] XIE X, FANG L, ZENG S. Collaborative innovation network and knowledge transfer performance: A fsQCA approach [J]. Journal of Business Research, 2016, 69(11): 5210-5215.

[207] XIE X, WANG H. How can open innovation ecosystem modes push product innovation forward? An fsQCA analysis[J]. Journal of Business Research, 2020, 108: 29-41.

[208] XIE X, WU Y, DEVECE C. Is collaborative innovation a double-edged sword for firms? The contingent role of ambidextrous learning and TMT shared vision[J]. Technological Forecasting and Social Change, 2022, 175: 121340.

[209] XU B, ZHENG H, XU Y, et al. Configurational paths to sponsor satisfaction in crowdfunding[J]. Journal of Business Research, 2016, 69(2): 915-927.

[210] XU T, YANG J, ZHANG F, et al. Interfirm coopetition, interfirm knowledge creation, and collaborative innovation performance: The moderating roles of environmental competitiveness and dysfunctional competition[J]. Industrial Marketing Management, 2021, 99: 123-135.

[211] XUE X, SHEN Q, REN Z. Critical Review of Collaborative Working in Construction Projects: Business Environment and Human Behaviors [J]. Journal of Management in Engineering, 2010, 26(4): 196-208.

[212] XUE X, ZHANG R, WANG L, et al. Collaborative innovation in construction project: A social network perspective[J]. KSCE Journal of Civil Engineering, 2018, 22(2): 417-427.

[213] YAN T, DOOLEY K. Buyer-supplier collaboration quality in new product development projects[J]. Journal of Supply Chain Management, 2014, 50(2): 59-83.

[214] YANG C, FANG S, LIN J L. Organisational knowledge creation strategies: A conceptual framework [J]. International Journal of Information Management, 2010, 30(3): 231-238.

[215] YANG R J, SHEN G Q P. Framework for Stakeholder Management in

Construction Projects[J]. Journal of Management in Engineering, 2015, 41(4): 4014064.

[216] YIGITBASIOGLU O M. Information sharing with key suppliers: A transaction cost theory perspective[J]. International Journal of Physical Distribution and Logistics Management, 2010, 40(7): 550-578.

[217] YIN R K. Case study research: Design and methods[M]. Thousand Oaks: CA: Sage, 2003.

[218] ZAN A, YAO Y, CHEN H. University-industry collaborative innovation evolutionary game and simulation research: The agent coupling and group size view[J]. IEEE Transactions on Engineering Management, 2021, 68(5): 1406-1417.

[219] ZHAI L, XIN Y, CHENG C. Understanding the value of project management from a stakeholder's perspective: Case study of megaproject management. [J]. Project Management Journal, 2009, 40(1): 99-109.

[220] ZHANG J, QIU Y. How does the improved DB mode degrade the complex integrity of infrastructure mega-projects? Evidence from the Hong Kong-Zhuhai-Macau Bridge project in China [J]. Frontiers of Engineering Management, 2018, 5(1): 40-51.

[221] ZHANG L, XUE X. Dynamic mechanism of technology innovation across multi-stakeholders in mega infrastructure projects[C] // Paper presented at the ICCREM 2014: Smart Construction and Management in the Context of New Technology, Kunming, China.

[222] ZHANG R, WANG Z, TANG Y, et al. Collaborative Innovation for Sustainable Construction: The Case of an Industrial Construction Project Network[J]. IEEE Access, 2020, 8: 41403-41417.

[223] ZHANG R, XUE X, ZHANG Y. The cascade effect of collaborative innovation in infrastructure project networks [J]. Journal of Civil Engineering and Management, 2021, 27(3): 175-187.

[224] ZHANG Y, ZHENG J, DARKO A. How Does Transformational Leadership Promote Innovation in Construction? The Mediating Role of Innovation Climate and the Multilevel Moderation Role of Project Requirements[J]. Sustainability, 2018, 10: 1506.

[225] ZHANG Z, ZHANG L, LI A. Investigating the Effects of Reward Interdependence and Nonfinancial Incentives on NPD Collaboration in Diverse Project Teams[J]. Project Management Journal, 2019, 50(6): 641-656.

[226] ZHAO J, WU G, XI X, et al. How collaborative innovation system in a knowledge-intensive competitive alliance evolves? An empirical study on China, Korea and Germany[J]. Technological Forecasting and Social Change, 2018, 137: 128-146.

[227] ZHAO Z, XUE X, GAO X, et al. Coupling and evolution mechanism of infrastructure mega-projects complex ecosystem: case study on Hong Kong-Zhuhai-Macao Bridge[J]. Frontiers of Engineering Management, 2018, 5(1): 17-29.

[228] ZHU Y, ZHANG J, GAO X. Construction management and technical innovation of the main project of Hong Kong-Zhuhai-Macao Bridge [J]. Frontiers of Engineering Management, 2018, 5(1): 128-132.

[229] 蔡超勋,谢洪涛,常凯.重大工程技术创新过程中业主与承包商合作行为演化博弈[J].项目管理技术,2021,19(10):9-15.

[230] 国家重大建设项目招标投标监督暂行办法,(2002).

[231] 曾赛星,陈宏权,金治州,等.重大工程创新生态系统演化及创新力提升[J].管理世界,2019,(4):28-38.

[232] 陈宏权,曾赛星,苏权科.重大工程全景式创新管理——以港珠澳大桥工程为例[J].管理世界,2020,36(12):212-227.

[233] 陈劲.协同创新[M].杭州:浙江大学出版社,2012.

[234] 陈劲,阳银娟.协同创新的理论基础与内涵[J].科学学研究,2012,30(2):161-164.

[235] 陈晓萍,徐淑英,樊景立.组织与管理研究的实证方法[M].北京:北京大学出版社,2012.

[236] 程建青,罗瑾琏,杜运周,等.制度环境与心理认知何时激活创业?——一个基于 QCA 方法的研究[J].科学学与科学技术管理,2019,40(2):114-131.

[237] 杜运周,贾良定.组态视角与定性比较分析(QCA):管理学研究的一条新道路[J].管理世界,2017,6:155-167.

[238] 范道安.重大工程多主体协同行为驱动因素及提升策略研究[D].上海:同济

大学,2019.
[239] 房银海,谭清美.协同创新网络研究回顾与展望——以复杂网络为主的多学科交叉视角[J].科学学与科学技术管理,2021,42(8):17-40.
[240] 丰静,王孟钧,李建光.重大建设工程技术创新协同治理框架——以港珠澳大桥岛隧工程为例[J].中国科技论坛,2020,(01):41-49.
[241] 高丽娜,宋慧勇,张惠东.城市群协同创新形成机理及其对系统绩效的影响研究[J].江苏师范大学学报(哲学社会科学版),2018,44(01):125-132.
[242] 高爽.黑龙江省大型集群工程项目协同创新绩效评价的研究[D].哈尔滨:东北林业大学,2019.
[243] 贺新杰,李娜,王瑶.联盟企业创新绩效提升的系统动力学分析——基于知识协同视角[J].系统科学学报,2021,29(03):125-130.
[244] 纪国涛.产学研用联合攻关体系形成的驱动因素、形成过程与形成机理研究——以国网辽宁电力为例[J].技术经济,2019,38(09):73-83.
[245] 解学梅,刘丝雨.协同创新模式对协同效应与创新绩效的影响机理[J].管理科学,2015,28(2):27-39.
[246] 蓝晓霞.产学研协同创新的形成机理探析[J].中国高校科技,2014,(06):30-33.
[247] 李瑞.地方智库协同创新模式形成与发展研究[D].长春:吉林大学,2019.
[248] 李永奎.重大工程 PPP 模式适应性提升路径:基于制度理论和复杂性视角[J].南京社会科学,2017,(11):68-75+121.
[249] 李永奎,刘祥彪,常诚,等.工程建设领域重大科技创新主体及创新合作网络——基于 2000—2016 年国家科技进步奖的研究[J].中国勘察设计,2017,(08):60-65.
[250] 林润辉,谢宗晓,李娅,等.政治关联、政府补助与环境信息披露——资源依赖理论视角[J].公共管理学报,2015,12(2):30-41+154-155.
[251] 刘建昌,石秀,杨阳.面向国防科技重大工程的协同创新模式研究[J].科技进度与对策,2015,32(1):119-122.
[252] 罗泰晔,马翠嫦.基于指数随机图模型的协同创新网络形成机理研究[J].情报理论与实践,2018,41(10):143-146+172.
[253] 祁超,卢辉,王红卫,等.重大工程工厂化建造管理创新:集成化管理和供应商培育[J].管理世界,2019,35(4):39-51.
[254] 盛昭瀚,程书萍,李迁,等.重大工程决策治理的"中国之治"[J].管理世界,

2020a,36(6):202-212+254.
[255] 盛昭瀚,刘慧敏,燕雪,等.重大工程决策"中国之治"的现代化道路——我国重大工程决策治理70年[J].管理世界,2020b,36(10):170-203.
[256] 孙金花,杨陈.新视角下IT能力与协同创新绩效作用机理研究[J].华东经济管理,2014,28(12):104-108.
[257] 孙雯,刘人境.我国大科学工程协同创新参研人员的网络嵌入性前因机制研究[J].管理学报,2021,18(12):1763-1771.
[258] 孙永福,张国安,王孟钧.铁路工程项目技术创新动力机制研究[J].铁道学报,2012,34(04):76-81.
[259] 涂振洲,顾新.基于知识流动的产学研协同创新过程研究[J].科学学研究,2013,31(9):1381-1390.
[260] 万静远.重大基础设施工程高层管理团队整合研究:结构、行为与效能涌现[D].上海:同济大学,2020.
[261] 王丽梅.高校间跨学科协同创新网络形成机理研究[J].黑龙江高教研究,2016,(05):52-54.
[262] 王婷,何清华,田子丹.考虑OCB的重大工程项目成功的评估及提升策略研究[J].科技管理研究,2021,41(21):186-195.
[263] 王晓红,李娜,张奔.企业研发投入、产学研协同发展与区域创新产出——对外开放度的调节作用[J].系统管理学报,2022,网络首发:1-14.
[264] 王宇静,李永奎.基于系统动力学的大型复杂建设项目计划模型[J].工业工程与管理,2010,15(3):87-94.
[265] 吴卫红,赵鲲,张爱美.企业协同创新风险对创新绩效的作用路径研究[J].科研管理,2021,42(05):124-132.
[266] 吴小节,杨尔璞,汪秀琼.交易成本理论在企业战略管理研究中的应用述评[J].华东经济管理,2019,33(6):155-166.
[267] 吴小节,杨书燕,汪秀琼.资源依赖理论在组织管理研究中的应用现状评估——基于111种经济管理类学术期刊的文献计量分析[J].管理学报,2015,12(1):61-71.
[268] 夏丽娟,谢富纪,王海花.制度邻近、技术邻近与产学协同创新绩效——基于产学联合专利数据的研究[J].科学学研究,2017,35(5):782-791.
[269] 肖利哲,赵鹤宇,李永华.基于系统动力学的科技创新团队攻坚期协同创新机理研究[J].中国科技论坛,2020,(5):72-81.

[270] 许蕾,丁荣贵.协同创新项目组织特征与知识扩散——网络嵌入视角[J].科技进步与对策,2021,38(4):11-20.

[271] 杨德磊.重大工程组织公民行为识别、驱动因素与效能涌现研究[D].上海:同济大学,2016.

[272] 杨阳,侯光明.国防科技重大工程协同创新联盟组织模式研究[J].科技进步与对策,2014,31(5):12-15.

[273] 姚艳虹,周惠平.产学研协同创新中知识创造系统动力学分析[J].科技进步与对策,2015,32(4):110-117.

[274] 叶传盛,陈传明.产学研协同、知识吸收能力与企业创新绩效[J].科技管理研究,2022,42(03):184-194.

[275] 约瑟夫熊彼特.经济发展理论[M].北京:北京出版社,2008.

[276] 臧欣昱,马永红,王成东.基于效率视角的区域协同创新驱动及影响因素研究[J].软科学,2017,31(06):6-9.

[277] 张秋明,顾新,杨雪.产学研协同创新网络视角下创新资源禀赋对城市创新能力提升的影响研究[J].软科学,2022,网络首发:1-13.

[278] 张瑞雪.工程项目技术创新多主体协同关系研究[D].哈尔滨:哈尔滨工业大学,2016.

[279] 章新蓉,张煦,李林利.智能制造业创新产出:政府补助与市场竞争是否协同助力[J].科技进步与对策,2021,38(20):54-63.

附　　录

附录A　重大工程多主体协同创新动机因素的访谈提纲

尊敬的专家：

您好！

非常感谢您拨冗参与本次访谈。本次访谈中涉及的重大基础设施工程（简称"重大工程"）指的是对我国政治、经济、社会、科技发展、环境保护、公众健康与国家安全等具有重要影响的基础设施工程，通常其投资额在65亿元人民币以上。每一个重大工程实施的成功，不仅归因于我国特有的制度优势和组织优势，而且与众多主体间的紧密合作与协同创新紧密相关。协同创新是多主体为了达成创新和项目目标而开展的组织间互动与集成过程。本次访谈主要了解多主体协同创新的过程及动机因素。

鉴于您在重大工程管理领域的丰富经历和经验，我们诚挚邀请您参与本次访谈。请您根据您在最近参与的重大工程项目中的实践经验，给出您认为最能反映实际情况的描述。我们向您保证，您提供的一切信息只作为学术研究使用，绝不会透露您的个人信息。

【请选择一个您最近参与过的重大工程，填写项目基本信息，并以此项目为参照回答本次访谈的问题】

项目名称：

项目的投资方：

投资额：　　亿元

第一部分：重大工程多主体协同创新动机识别访谈提纲

1. 请说明您在该重大工程项目中的职责。

2. 请描述您所在的公司/团队与哪些单位/组织/个人合作，分别参与哪些创新活动中，请阐述一下具体的合作过程及各方的职责。

3. 请根据您的实践经验，判断下列所提供的动机因素的适用性及合理性，如果可能，请提供相关的实践案例进行解释。

动机因素	编码	动机因素	编码
减少风险	C1	提升企业的技能并获得竞争优势	C10
减少研发支出	C2	响应项目相关要求	C11
提高资源效率	C3	来自项目的支持	C12
减少交易成本	C4	应对项目复杂性和不确定性	C13
学习互补/新技术	C5	获得物质奖励	C14
学习互补/新技能	C6	获得非物质奖励	C15
学习互补/新知识	C7	应对技术变化	C16
树立良好的企业形象和声誉	C8	应对相关法规或规章	C17
展示企业的能力和创造力	C9	应对市场变化	C18

4. 根据您的实践经验，您认为是否还有其他动机因素也起到了重要作用，请阐明。

第二部分：个人基本信息

请根据您的实际情况进行填写。

1. 您的最高学历	A. 专科及以下　　B. 本科 C. 研究生(硕士)　　D. 研究生(博士)
2. 您参与工程项目建设的工作年限	A. ＜5 年　B. 5～10 年　C. 10～20 年　D. 20 年以上
3. 您参与重大工程项目建设的工作年限?	A. ＜5 年　B. 5～10 年　C. 10～20 年　D. 20 年以上
4. 您所在的企业属于	A. 纯国有企业 B. 国有控股企业(非国家独资但国家拥有实际控制权的企业) C. 国有参股企业(具有部分国家资本金，但国家不控股的企业) D. 私营企业
5. 你在贵公司的职位是什么?	A. 项目经理　B. 现场经理　C. 工程师 D. 建筑师　E. 规划和成本控制经理 F. 咨询顾问　G. 其他，请注明

非常感谢您百忙之中参与本次访谈，祝您工作顺利，身体健康！如果您对研究结论感兴趣，请留下您的联系方式________，我们会及时将研究结果反馈给您。

附录 B　重大工程多主体协同创新动机因素重要性问卷

尊敬的专家：

您好！

非常感谢您拨冗参与本次问卷调研。本问卷中的重大基础设施工程(简称“重大工程”)指的是对我国政治、经济、社会、科技发展、环境保护、公众健康与国家安全等具有重要影响的基础设施工程，通常其投资额在65亿元人民币以上。每一个重大工程实施的成功，不仅归因于我国特有的制度优势和组织优势，而且与众多主体紧密合作与协同创新紧密相关。协同创新是多主体为了达成创新和项目目标而开展的组织间互动与集成过程。本问卷调查旨在调查影响多主体参与重大工程项目协同创新动机因素的相对重要性。

鉴于您在重大工程管理领域的丰富经历和经验，我们诚挚邀请您参与本次问卷调研。问卷中的答案选择无对错之分，请您根据最近参与的重大工程项目实践经验，给出您认为最能反映该项目实际情况的选择。本问卷不记名，我们向您保证，您提供的一切信息只作为学术研究使用，绝不会透露您的个人信息，请放心填写。

填写过程预计需要花费您4分钟左右的时间，您的支持对完成本书非常重要。非常感谢您百忙之中填写问卷，祝您工作顺利，身体健康！

“重大工程协同创新”研究团队

第一部分：项目基本信息

【请选择一个您最近参与过的重大工程，填写项目基本信息，并以此项目为参照回答本问卷的问题】

1. 您选择的重大工程项目名称为［填空题］

____

2. 您选择的重大工程项目属于哪种类型［单选题］

○ 大型赛事会展(如奥运会场馆、世博会场馆)

○ 长大桥梁(如苏通大桥、港珠澳大桥)
○ 能源基地(如西气东输、川气东送)
○ 电站(如三峡工程、秦山核电站)
○ 机场(如北京大兴机场、浦东机场一期工程)
○ 高铁(如杭深铁路杭甬段、广深港高速铁路广深段)
○ 高速公路(如沪蓉高速公路(上海至成都))
○ 港口工程(如上海洋山深水港)
○ 交通枢纽(如广州南站、上海虹桥综合交通枢纽)
○ 地铁(如苏州市轨道交通2号线)
○ 其他(请注明)

3. 请问该工程项目的投资额(币种:人民币)?[单选题]
○ 小于10亿元
○ 10亿~65亿元
○ 65亿~100亿元
○ 101亿~200亿元
○ 大于200亿元

4. 按投资主体,项目为:[单选题]
○ 政府投资项目
○ 公私合营项目
○ 社会投资项目

5. 按主体划分,您属于该项目的[单选题]
○ 发起人(如股本投资者)
○ 业主方(如工程指挥部、项目法人公司)
○ 工程咨询方(如全过程工程咨询、投资决策咨询、项目管理、造价咨询、招标代理等)
○ 工程监理方
○ 设计方(如规划、勘察、总体方案设计、初步设计、扩初设计(如有)、施工图设计、专项设计等)
○ 施工方(如施工总承包、主要专业分包等)
○ 供应商(如大宗设备、材料供货商等)
○ 研究机构、大学和个人(如高校、研究院所、专家)
○ 运营方

○ 制造商
○ 其他(请注明) ____________
6. 您在该项目中的职位?[单选题]
○ 高层管理者
○ 中层管理者
○ 基层管理者
7. 您参与过该项目(可多选)[多选题]
○ 投资决策阶段
○ 规划勘察设计阶段
○ 施工阶段
○ 竣工验收、移交及运营准备阶段
○ 运营阶段

第二部分:重大工程多主体协同创新动机因素的重要性

请根据您参与重大工程项目协同创新的实践经验,对下列问题进行评价。[单选题]

	动机因素	非常不重要	不重要	一般	重要	非常重要
1	减少风险	1	2	3	4	5
2	减少研发支出	1	2	3	4	5
3	提高资源效率	1	2	3	4	5
4	减少交易成本	1	2	3	4	5
5	学习互补/新技术	1	2	3	4	5
6	学习互补/新技能	1	2	3	4	5
7	学习互补/新知识	1	2	3	4	5
8	树立良好的企业形象和声誉	1	2	3	4	5
9	展示企业的能力和创造力	1	2	3	4	5
10	提升企业的技能并获得竞争优势	1	2	3	4	5
11	响应业主的要求	1	2	3	4	5
12	来自业主的支持	1	2	3	4	5

续 表

	动机因素	非常不重要	不重要	一般	重要	非常重要
13	应对项目复杂性和不确定性	1	2	3	4	5
14	获得物质奖励	1	2	3	4	5
15	获得非物质奖励	1	2	3	4	5
16	应对技术变化	1	2	3	4	5
17	应对相关法规或规章	1	2	3	4	5
18	应对市场变化	1	2	3	4	5

第三部分:个人基本信息

请根据您的实际情况进行填写。

1. 您的性别[单选题]	A. 男 B. 女
2. 您参与工程项目建设的工作年限?[单选题]	A. <5 年 B. 5～10 年 C. 10 ～20 年 D. 20 年以上
3. 您参与重大工程项目建设的工作年限?[单选题]	A. <5 年 B. 5～10 年 C. 10 ～20 年 D. 20 年以上
4. 在重大工程项目中,按主体划分,您属于该项目的[单选题]	A. 业主方 B. 工程咨询方(不包括监理单位) C. 监理方 D. 施工方 E. 供应商 F. 设计方 G. 其他,请注明
5. 你在贵公司的职位是什么?[单选题]	A. 项目经理 B. 现场经理 C. 工程师 D. 建筑师 E. 规划和成本控制经理 F. 咨询顾问 G. 其他,请注明

【调查结束,非常感谢您的支持与配合】

如果您对研究结论感兴趣,请留下您的联系方式________,我们会及时将研究结果反馈给您。

如您对本书有任何建议,请留下您的宝贵意见,谢谢您!

附录C　重大工程多主体协同创新问卷调查

尊敬的专家：

您好！

非常感谢您拨冗参与本次问卷调研。本问卷中的重大基础设施工程(简称“重大工程”)指的是对我国政治、经济、社会、科技发展、环境保护、公众健康与国家安全等具有重要影响的基础设施工程，通常其投资额在65亿元人民币以上。每一个重大工程实施的成功，不仅归因于中国特有的制度优势和组织优势，而且与众多主体紧密合作与协同创新紧密相关。协同创新是多主体为了达成创新和项目目标而开展的组织间互动与集成过程。

鉴于您在重大工程管理领域的丰富经历和经验，我们诚挚邀请您参与本次问卷调研。问卷中的问题选项无对错之分，请您选择一个您最近参与过的重大工程项目为参照，给出您认为最能反映该项目实际情况的选择。本问卷不记名，我们向您保证，您提供的一切信息只作为学术研究使用，绝不会透露您的个人信息，请放心填写。

填写过程预计需要花费您5分钟左右的时间，您的支持对完成本书非常重要。非常感谢您百忙之中填写问卷，祝您工作顺利，身体健康！

“重大工程协同创新”研究团队

第一部分：项目基本信息

【请选择一个您最近参与过的重大工程，填写项目基本信息，并以此项目为参照回答本问卷的问题】

1. 您选择的重大工程项目名称为［填空题］

____

2. 您选择的重大工程项目属于哪种类型［单选题］

○ 大型赛事会展(如奥运会场馆、世博会场馆)

○ 长大桥梁(如苏通大桥、港珠澳大桥)

○ 能源基地(如西气东输、川气东送)

○ 电站(如三峡工程、秦山核电站)
○ 机场(如北京大兴机场、浦东机场一期工程)
○ 高铁(如杭深铁路杭甬段、广深港高速铁路广深段)
○ 高速公路(如沪蓉高速公路(上海至成都))
○ 港口工程(如上海洋山深水港)
○ 交通枢纽(如广州南站、上海虹桥综合交通枢纽)
○ 地铁(如苏州市轨道交通 2 号线)
○ 其他(请注明)

3. 请问该工程项目的投资额(币种:人民币)?[单选题]
○ 小于 10 亿元
○ 10 亿～65 亿元
○ 65 亿～100 亿元
○ 100 亿～200 亿元
○ 大于 200 亿元

4. 按投资主体,项目为:[单选题]
○ 政府投资项目
○ 公私合营项目
○ 社会投资项目

5. 按主体划分,您属于该项目的[单选题]
○ 发起人(如股本投资者)
○ 业主方(如工程指挥部、项目法人公司)
○ 工程咨询方(如全过程工程咨询、投资决策咨询、项目管理、造价咨询、招标代理等)
○ 工程监理方
○ 设计方(如规划、勘察、总体方案设计、初步设计、扩初设计(如有)、施工图设计、专项设计等)
○ 施工方(如施工总承包、主要专业分包等)
○ 供应商(如大宗设备、材料供货商等)
○ 研究机构、大学和个人(如高校、研究院所、专家)
○ 运营方
○ 制造商
○ 其他(请注明) ________________

6. 您在该项目中的职位?[单选题]

○ 高层管理者

○ 中层管理者

○ 基层管理者

7. 您参与过该项目(可多选)[多选题]

○ 投资决策阶段

○ 规划勘察设计阶段

○ 施工阶段

○ 竣工验收、移交及运营准备阶段

○ 运营阶段

第二部分:多主体协同创新动机因素

请根据您参与重大工程项目协同创新的实践经验,对下列问题进行评价。[单选题]

题项	非常不同意	不同意	比较不同意	一般	比较同意	同意	非常同意
我方与其他主体展开正式/非正式的沟通交流、共同总结已建项目类似经验、共同参加正式/非正式创新方案会议和研讨,以积累创新管理经验	1	2	3	4	5	6	7
在创新头脑风暴、创新方案审查、创新方案汇报会议、创新经验教训会议、组织间对话中,各方主动表达观点、交流掌握的知识	1	2	3	4	5	6	7
我方在与其他主体参加项目计划/审计、里程碑事件管理、项目总结等工作时,主动整理项目创新方案和创新管理知识	1	2	3	4	5	6	7
我方在参与该项目过程中会主动参观类似项目或邀请其他项目参建人员参观,以交流、共享、学习项目创新知识	1	2	3	4	5	6	7
该项目难度系数非常高,需要多主体合作提出创新方案,以解决项目实施中遇到的各类难题	1	2	3	4	5	6	7

续 表

题项	非常不同意	不同意	比较不同意	一般	比较同意	同意	非常同意
多主体合作探索新管理思路与方案，是该项目目标之一	1	2	3	4	5	6	7
多主体合作探索最先进的组织、管理、经济、合同和技术等新思想、新模式、新方法和新手段，是该项目核心目标之一	1	2	3	4	5	6	7
合同中明确提出多主体合作开展创新活动的要求	1	2	3	4	5	6	7
为了形成合理的建设难题解决方案，以减少成本支出	1	2	3	4	5	6	7
为了形成合理的建设难题解决方案，以保证在合同约定时间内完成项目或缩短工期	1	2	3	4	5	6	7
为了形成合理的建设难题解决方案，以保证工程质量达标	1	2	3	4	5	6	7
为了形成合理的建设难题解决方案，以保证项目及多主体的安全性	1	2	3	4	5	6	7
为了形成合理的建设难题解决方案，以提升项目运营期的使用满意度	1	2	3	4	5	6	7
为了获取物质奖励(如合同中规定的经济奖励或补偿)	1	2	3	4	5	6	7
为了获取非物质奖励(如反馈、项目内表扬等)	1	2	3	4	5	6	7
为了获得行业/国家荣誉称号	1	2	3	4	5	6	7
为了提升本单位的品牌形象	1	2	3	4	5	6	7
为了得到业主或其他参建主体的好评	1	2	3	4	5	6	7
为了提升业主或其他参建主体的满意度	1	2	3	4	5	6	7
为了能实现更高的价值创造(如掌握先发优势、增加市场份额、获取新的市场机会)	1	2	3	4	5	6	7

续 表

题项	非常不同意	不同意	比较不同意	一般	比较同意	同意	非常同意
为了提升技术、工艺变化应对能力	1	2	3	4	5	6	7
为了应对相应法律、规定的变化（如国际化的新要求）	1	2	3	4	5	6	7
为了应对信息化技术带来的冲击	1	2	3	4	5	6	7
为了应对自然环境变化带来的影响	1	2	3	4	5	6	7
为了应对同行竞争	1	2	3	4	5	6	7
为了应对建筑业变革带来的影响	1	2	3	4	5	6	7
我方频繁与其他参建主体合作开发新技术、新工艺、新模式、新方法和新手段等	1	2	3	4	5	6	7
我方频繁为其他参建主体提供技术支持	1	2	3	4	5	6	7
我方频繁与其他项目参建主体共同探讨项目创新方案	1	2	3	4	5	6	7
该项目中，各主体充分参与到项目全生命周期的创新活动中	1	2	3	4	5	6	7
该项目中，各创新团队（指由两个及以上参建主体组成）之间互动性非常强	1	2	3	4	5	6	7

第三部分：个人基本信息

请根据您的实际情况进行填写。

1. 您的性别［单选题］	A. 男　B. 女
2. 您的最高学历［单选题］	A. 专科及以下　B. 本科 C. 研究生（硕士）　D. 研究生（博士）
3. 您参与工程项目建设的工作年限［单选题］	A. <5 年　B. 5～10 年　C. 10～20 年　D. 20 年以上
4. 您参与重大工程项目建设的工作年限？［单选题］	A. <5 年　B. 5～10 年　C. 10～20 年　D. 20 年以上

续 表

5. 您所在的企业属于［单选题］	A. 纯国有企业 B. 国有控股企业(非国家独资但国家拥有实际控制权的企业) C. 国有参股企业(具有部分国家资本金,但国家不控股的企业) D. 私营企业
6. 你在贵公司的职位是什么?［单选题］	A. 项目经理　B. 现场经理　C. 工程师 D. 建筑师　E. 规划和成本控制经理 F. 咨询顾问　G. 其他,请注明

【调查结束,非常感谢您的支持与配合】

如果您对研究结论感兴趣,请留下您的联系方式________,我们会及时将研究结果反馈给您。

如您对本书有任何建议,请留下您的宝贵意见,谢谢您!